この本を、「何事にも失敗はない」と信じて正しいことを粘り強くおこなった

すべてのサフラジェットとサフラジストにささげます。

刊行に当たり、女性史・ジェンダー史学のポーツマス大学名誉教授ジューン・パーヴィス氏に
ご助言をいただきました。

スザンヌ・カーネル、リン・ロバーツ=マロニー、ジューン・パーヴィス、クリス・インズ、ベッキー・チルコット、
ヘレン・ウィアー、アニタ・アナンド、ローレン・ラヴァーン、ジェニー・ショーン、ロス・ボール、
レジーナ・マルクサー、クリス・ウィリアムズには、心から感謝申し上げます。

デイヴィッド・ロバーツ

SUFFRAGETTE : THE BATTLE FOR EQUALITY
First published 2018 by Two Hoots an imprint of Pan Macmillan
Text and illustrations copyright © David Roberts 2018
Foreword copyright © Lauren Laverne 2018
Japanese translation rights arranged with MACMILLAN PUBLISHERS INTERNATIONAL LIMITED
through Japan UNI Agency, Inc., Tokyo

Printed in China

サフラジェット
平等を求めてたたかった女性たち

2021年1月30日　第1刷発行

著　者　デイヴィッド・ロバーツ
訳　者　富原まさ江
発行者　坂上美樹
発行所　合同出版株式会社
東京都千代田区神田神保町1-44
郵便番号　101-0051
電話　03(3294)3506
振替　00180-9-65422
ホームページ　http://www.godo-shuppan.co.jp

ISBN978-4-7726-1435-1　NDC367　241×303
©Tomihara Masae, 2021

サフラジェット

平等を求めてたたかった
女性たち

デイヴィッド・ロバーツ 著

富原まさ江 訳

女性は
投票権を
要求する

合同出版

勇気はいたるところで勇気を呼びます。
その声を否定することはできません。

　　ミリセント・ギャレット・フォーセット

目　次

N.U.W.S.S.*
4672人の
ラドクリフに住む
男性が
女性の
選挙権を
求める
嘆願書に
署名

＊女性参政権協会全国連盟

N.U.W.S.S.
3000人の
クルーに住む
男性が
女性の
選挙権を
求める
嘆願書に
署名

N.U.W.S.S.
1373人の
ウィッドネスに
住む男性が
女性の
選挙権を
求める
嘆願書に
署名

序文

北東イングランドで子ども時代を過ごした1980年代、私はサフラジェットについて聞いた記憶がほとんどありません。

かろうじて思い出せるのは、映画『メリー・ポピンズ』に出てくるウィニフレッド・バンクス夫人*がサフラジェットだったことです。はっきり言えば、私はバンクス夫人が好きではありませんでした。気取ったしゃべり方、いかにも高級そうな洋服、そしてウェディングケーキのように大きな家（この家には魔法が使えるナニーがいて、選挙権運動のデモに夢中な夫人に代わって子どもたちの世話をしています）──バンクス夫人は私が知るどの母親とも違っていました。映画では、バンクス夫人は少し身勝手で、家庭のことよりも選挙権運動に一生懸命な女性として描かれています。一番身近な夫や子どもたちはそんなことに興味

がなく、自分たちとは無関係だと思っているのに、バンクス夫人は信念を持って熱心に活動を続けるのです。その姿は独りよがりにも映ります。これが、100年以上前に危険を冒してまで選挙権を求めてたたかった女性の典型的な（そしてたいていの場合誤った）描写であることを、当時の私は知りませんでした。ヴィクトリア朝時代、あらゆる年代の女性が社会からいかに残酷で不公平な扱いを受けていたかも、理解していませんでした（私が育った社会も同じだということにも気づいていませんでしたが、それはまた別の話です）。

今あなたが読んでいるこの本では、そんな状況を変えるためにたたかい、成功した人びとを紹介しています。彼女たちはウィニフレッ

*銀行家の妻。主人公のメリー・ポビンズが子どもたちの教育係になった家

ド・バンクス夫人とはかなり違います。バンクス夫人は
どこか世間知らずでしたが、実在したサフラジェットは
平等を得るために自分の特権を最大限利用し、したた
かにたたかいました（「反逆の王女」の章のソフィア・
ドゥリープ・シングを参照）。

彼女たちのなかにはバンクス夫人のように上流階級の
人もいましたが、それはごく一部で、たいていはさまざ
まな仕事に就いていました。結局はそれが選挙権を得
るのにとても役立ったのです（「カナリアとペンギンは
戦時に役立つ」の章を参照）。

バンクス夫人は少し気弱なところがありますが、実際の
サフラジェットたちは不屈の意志の持ち主でした。たと
えば柔術指導者で、サフラジェットのボディーガード集
団〈アマゾン〉のリーダーだったイーディス・ガラッドや、
抗議活動によって投獄され、食事強制＊の拷問を受け
た多くの人のように。また、バンクス夫人はわが子たち
にほとんど関心がないように描かれていますが、実際に
サフラジェットの運動を率いたのはイギリス史において
非常に有名な母娘、パンクハースト一族です。

　私が10代だった1990年代初めには、フェ
ミニズムはまだ古くさいものだと思われてい
ました。やがて、パンクミュージックを通してフェミニズ
ムを表現する〈ライオット・ガール〉という運動が起こ
ります。その力強いメッセージと歌、それから視覚に訴
えるスローガン、バッジ、垂れ幕、手作りの同人誌——
私は刺激を受けました。それで友人とバンドを結成す
ることになり、人生が大きく変わったのです。

その頃は知りませんでしたが、〈ライオット・ガール〉が
「自分の声で表現しよう」というメッセージを発信した
この方法は、まさに初期の女性選挙権運動家が用いた
手段と同じです。彼女たちもバッジを作り、「女性に選

挙権を」「言葉より行動」「自由を賭けてたたかう」な
どのスローガンを垂れ幕に書いていたのです。また、
信念を広く伝え、支持者を集めるため『ザ・サフラジェッ
ト（The Suffragette）』『ヴォーツ・フォー・ウィメン
（Votes for Women）』『ザ・ヴォート（The Vote）』な
どの機関紙も発行していました。

この本に登場する女性たちの物語は、決して大げさな
作り話ではありません。みんな実在の人物で、それぞ
れに問題を抱えていました。サフラジェットは勝利を手
にしたと思われていますが、そうでないことも多かった
のです。輝かしい勝利を得ることはめったになく、多く
の場合、彼女たちの歩みは小さく、遅く、ときには妥協
も必要でした。信念のために熱い議論を交わし、仲間
うちでの諍いもありました。間違いも犯しました。彼
女たちの訴えは、国の一部のお偉方（その多くは女性
です）に反対されました。

女性選挙権運動をおこなった女性（と一部の男性）の
人生を振り返るとき、彼女たちが戦いに勝利し、その
信念が正しかったことは歴史が証明しています。今は
そのことを誰もが知っていますが、当時はなにひとつ保
証などありませんでした。サフラジェットが残した多く
の教訓、その1つは、何かを達成する過程でどんなこと
が起こるのか身をもって教えてくれたことです。予想外
のことに直面し、なかなか進めず、混乱も生じる複雑で
不完全な道のり。そんな道を歩んでいるとしても心配は
いらない、と彼女たちは伝えているのかもしれません。

この美しい本を楽しんでください。そして、世界をより
よい場所にするために、自分なりにベストを尽くそうと
思ってくれたら何よりです。

ローレン・ラヴァーン＊

*2
男性による
女性参政権連盟

MEN'S LEAGUE FOR WOMEN'S SUFFRAGE

*1
男性による
女性参政権政治連合

MEN'S POLITICAL UNION FOR WOMEN'S ENFRANCHISEMENT

*3
女性に投票権を

MPU WE

VOTES FOR WOMEN

はじめに

サフラジェットという言葉を初めて聞いたのは14歳のときです。

1984年、歴史のパイル先生からある課題が出されたのです。中学校の学年末試験に向けて、この1年間で習ったことからテーマを選んで文章と絵でまとめるという課題でした。聞き間違いかな？　絵だって!?　ぼくはわくわくしました。たとえ学校の課題でも、絵を描けるというのはとても嬉しいことだったのです。

先生の机の上にはさまざまなテーマの色あせた歴史の本が広げられ、生徒は思い思いに自分の関心に合った本を選んでいきました。科学者のハンフリー・デイヴィーや医師のエドワード・ジェンナー、エンジニアのイザムバード・キングダム・ブルネルに関する本──そのうちの1冊に、ぼくは目を留めました。表紙は囚人服を着た女性2人の白黒写真。2人は白い矢印のついた黒い服＊とエプロンをつけ、布の帽子を被っています。互いに腕を組んで立つ2人の写真の上に、本の題名がありました。『サフラジェットたち』。

この2人は誰だろう？　「サフラジェット」だって？　いったいどんな恐ろしい罪を犯して刑務所に入れられたんだ？　ぼくは急いでその本を手に取り、同じような写真が載っているページを探しました。徐々に本の内容がわかっていきました。

表紙の2人は「投票権」を勝ち取るために政府に抗議してたたかった1900年代初頭、つまりエドワード朝時代（1901年〜1910年）の女性でした。彼女たちは建物を破壊し、ときには火をつけ、男性と同等の政治的権利を得るためなら命すら危険にさらしました。ぼくはすっかり夢中になりました。平等を求めてたたかうその姿に胸を打たれたのです。

＊1922年まで、イギリスの囚人服には矢印が印刷されていた

ぼくの友人の大半は女の子でしたが、当時自分をフェミニストと名乗る女性はあまりいなかったと思います。10代の少年だったぼくも、自分がフェミニストだとは気づいていませんでした。ただ、男女でいろんな扱いに差があることには強い違和感を覚えていました。

当時「男らしく」「女らしく」という考え方はまだ根強くありました。体育の授業では男子はサッカー、女子はネットボールと決まっていたし、裁縫を習うのは女子だけで、男子は金属加工です。いったいなぜだろう？ぼくは金属加工より裁縫のほうがきっと得意だっただろうし、女友だちの中にはサッカーチームに入りたいと強く希望する子もいました。でもそれは認められず、もし自由に選べたとしても、変に目立つことを恐れて尻込みする生徒がほとんどだったでしょう。

ぼくは、世間が思う男らしさ、女らしさの概念に沿って行動するなんて馬鹿げているし、不公平だと感じていました。自分はフェミニストだと誇らしげに公言していたある女友だちは、女子だからという理由で退けられたり、型にはめられたり、からかわれたりしたと感じると抗議の声を上げましたが、ほとんどの場合教師も生徒も彼女にうんざりしていました。

パイル先生の授業に限らず、学校でサフラジェットについて学んだことはなかったのに、なぜあの本が先生の机にあったのかはわかりません。いまだに謎です。でも、この本をきっかけにぼくはサフラジェットに興味を持ち、尊敬の念を抱くことになりました。彼女たちが男性権力者に立ち向かったことが引き金となり、男女の役割という通念や、その通念が女性の生き方、野心、性別や身分に関係なく平等であるはずの権利を制限していた当時の状況が変わり始めたのですから。

パイル先生の課題から30年以上経って、ぼくは再びサフラジェットについて深く掘り下げる機会を与えられ、女性選挙権運動について多くを学ぶことになりました。当然ながらこの本の挿絵を描くのはとても楽しい仕事でした。インターネットで閲覧できる貴重な新聞記事や写真、ポスター、絵はがきを調べ、そうした画像を自分なりにアレンジしたり、また文章に合う写真がない場合にはその場面を想像したりして描きました。

バーミンガムで首相の車の屋根に投石をしたメアリー・リー。ロンドンの記念塔に立てこもり、「死か勝利か」の文字が躍る巨大な垂れ幕を掲げ、その後「女性に投票権を」と書かれた何百枚ものパンフレットをまいて群衆を驚かせたミス・スパークとミス・ショー。騒々しい男たち相手に演説をおこない、腐った魚を投げつけられても怯まなかったミュリエル・マターズ。

ぼくは歴史の専門家ではありません。むしろサフラジストとサフラジェットのファンの1人というべきでしょう。彼女たちは勇敢で、毅然としていました。平和的活動と過激な活動、その手段に違いはありますが、どちらも目的はただ1つ──投票権を得ることです。

女性が初めて投票権を得てから100年が経った今でも、人は男女同権の実現に向けて、また性別によって与えられる役割や期待とたたかっています。以前の世代、そして、いまだに多くの人を苦しめている平等への制約と障壁は、少しずつ取り除かれている最中なのです。女性らしさは弱さと同義語ではありません。男女同権の実現は、すべての人に恩恵をもたらすでしょう。

女性選挙権の運動家たちは、そのことをよくわかっていました。彼女たちの貴重な物語を、ぜひ読んでみてください。

この本の著者　デイヴィッド・ロバーツより

男の世界

そもそも、なぜ女性は投票できなかったのでしょうか？　残念なことに、歴史を振り返ってみるとイギリスだけでなくさまざまな国で女性は弱者で、しかも愚かなものだと考えられていました。取り柄と言えば子どもを育て、よき妻であることだけだったのです。

女性は自分の人生についてすら大事な決断をする能力はなく、ましてや国の政治を左右する決定などできるはずがないと思われていました。国の政治を決めるのは男の仕事です。すべての実権は男性にあるのが当然でした。こうして、男たちはすべてを支配し、さまざまな規則を作ります。この規則は、どんなに内容が不公平でも、同じ考えを持つ男たちにとっては歓迎すべきものでした。たとえば、19世紀半ばのヴィクトリア朝時代になってからも、女子は男子と同じ教育を受けることはできませんでした。たとえ受けられたとしても、それは家が裕福で私立の女子校に通っているか、自宅に勉強を教える女性家庭教師がいる場合に限られていました。高額な費用がかかる教育は、職業に就いて出世し、知性を身につけるためのものです。それは世間に出る男子だけに必要で、女子には無縁のものだと見なされていたのです。

1870年、初等教育の授業料を無償にする法律が可決

されました。1880年には10歳まで義務教育と定められ、その年齢が1893年には11歳、1899年には14歳に修正されます。しかし、女子教育に大きな改善があったわけではありません。週に一度設けられた洗濯日や家事を手伝う日には、女の子は家にいなければなりませんでした。さらに、学校に通えるかどうかということに加え、授業の内容もまた問題でした。読み書きや算数の他に、女子は昔から料理、裁縫、一般的な家事を学んでいました。どれもためになる技術ですが、こうした科目を学ぶのは「女子だけ」だったことを考えれば、男子が視野を広げ、家を離れて自立するよう教育されたのに比べ、女子はいい主婦になるために学んでいたことは明らかです。

時が経つにつれ、女子教育の質は改善しましたが、その歩みはじれったいほどゆっくりでした。女性が入学できる大学は少なく、たとえ医学や法律などを研究する場を得たとしても、男性と違って女性が卒業後に医師や弁護士の職に就くことは許されませんでした。女性が医師になることが許可されたのは1876年、弁護士にいたっては1922年のことです。

ただ、男女に関係なく大半の人にとって大学は遠い世界のことで、通えるのは富裕層だけでした。国民の大半の生活は厳しく、男性も女性も使用人として、または工場で、鉱山で、農場で長時間働いていました。仕事

は大変なだけでなく危険なことも多く、また低賃金でした。

しかも、女性の賃金は男性よりもさらに低かったのです。同じ仕事をしても、男性と同じ額は支払われません。さらに、長時間の重労働の後、家に帰って掃除をし、食事を作らなくてはなりませんでした。

現在でも賃金の不平等は多くの人が抱える問題ですが、当時ほとんどの女性にとって、これは信じがたい多くの不平等の1つに過ぎませんでした。

結婚の誓いでは、妻は夫に「従う」という文言があり、その逆はありませんでした。結婚は女性にとって、独身時代に持っていたわずかな権利まで放棄することを意味します。妻は夫の「所有物」となるのです。また、すべての財産や土地を所有するのも夫でした。たとえ、今夫婦で暮らしている家が妻の持ち家だったとしても、もし夫が離婚を希望すれば妻を一文無しで家から追い出すことができたのです。一方、妻は夫の同意なしに離婚することすらできませんでした。

女性に実子に対する法的権利が与えられたのは1839年です。子どもが7歳未満の場合、女性が親権を申請できるという法律が可決されました。同時に、7歳以上の子どもとの面会を申請する権利も与えられます。

これ以前は、離婚すると父親は子どもを母親から引き離し、二度と会わせないことが法律で認められていたのです。

幸い、人びとはこうした法律は間違っていると気づき、19世紀末には女性を差別する時代遅れの悪法の多くが廃止されました。女性は次第に自分の人生の主導権を手にしつつありました。

とはいえ、まだ男性と同じ社会的待遇を受けることはなく、議会選挙で投票する権利もありませんでした。一部の男性だけでなく、驚くことに女性のなかにもそれが当然だと思っている人がいたのです。

でも、1901年にヴィクトリア女王の死によってヴィクトリア朝時代が終わりを告げる以前から、世間にこう問い続けてきた団体がいました。「なぜ女性は投票できないのか?」彼女たちは、選挙に参加できなければ女性の地位は根本的に変わらないと考え、政府に女性の投票権を要求し始めたのです。こうした人びとは「サフラジスト」と呼ばれました。

「選挙権（suffrage）」の話

サフラジスト（suffragist）は、自分または他者に投票の権利を与えるよう主張する活動家を指す言葉です。

たとえ自分は投票できる立場だとしても、そうでない人びとの権利も保障すべきだと考えるなら、その人はサフラジストだといえるでしょう。

「サフラジスト」という語は、政治選挙に投票する権利、すなわち選挙権を表す「サフレイジ（suffrage）」に由来します。この権利は「投票権」とも呼ばれます。

投票はとても大事なことです。さまざまな意見を持つ人が集まってなにかを決める際の、自分の意見や考え方を表す手段なのですから。誰でも思っていることを自由に表現できる、これが民主主義制度です。

現在、イギリスは民主主義の国です。最長でも5年に1度下院議員を選出する「総選挙」がおこなわれ、18歳以上のすべての男女に投票の義務があります。選挙権を持つ人は誰でも、日常生活を左右するような大きな決定において自分の考えを代弁してくれそうな候補者を投票で選ぶことができるのです。選挙権の年齢を引き下げるべきだという意見もありますが、少なくとも男女や貧富による差はありません。

でも、最初からそうだったわけではありません。かつては（国や地域によっては今でも）、誰もが平等に選挙権を得るためには困難に立ち向かい、たたかわなければならなかったのです。

女がいるべき場所は
家庭

イギリスでは長い間女性には選挙権がなく、政治に参加できませんでした。考えを表現する場も、自分が住む国の法律に影響を与える術（すべ）もなかったのです。女性にはそのような権利は必要ないとされていました。

政治はまさに男の世界でした……。もっとも、すべての男性が平等だったという意味ではありません。女性は選挙権なし、男性はあり、という単純な図式ではなく、当初は大多数の男性にも選挙権がありませんでした。長い年月の間に反乱や暴動、要求が繰り返され、ようやく事態は変わっていったのです。ことの経緯を詳しく知るには、中世までさかのぼる必要があります。

今から数世紀前のイギリスは国王の統治下にあり、国民に関わる決定を下すことができるのは王だけでした。しかし、やがて納税者である貴族や地主の力を借りるようになると、彼らは政治に対しても発言権を主張し始めました。これがほぼ通年で開かれる

議会の誕生へとつながり、貴族が投票したり法律をつくったりするようになったのです。

当時イギリス国民の大部分を占めていたのは貴族ではなく、普通の労働者です。彼らに選挙権はありませんでした。

つまり、ほとんどの国民の生活に対し決定権を持っていたのは、ごく少数の特権階級だったのです。これはお世辞にも民主主義とはいえません。

やがて、こうした不平等に多くの「普通の」人びとは不満を募らせ、選挙権を求めるようになりました。

1832年、大きな変化が訪れます。議会が一部の男性に新たに選挙権を与えたのです。これを「第1回選挙法改正」といいます。事態は一歩前進しましたが、このときの対象は富裕層の男性だけで、他の多くの男性──そしてすべての女性は除外されました。

1867年になると、選挙権を求める声はさらに高まっていました。そして、家を所有するすべての男性に選挙権が認められます。この「第2回選挙法改正」において、多くの労働者層の男性──そしてすべての女性は対象外でした。

1884年には、すべての人の選挙権拡大を求める運動が激化します。政府は「第3回選挙改正法」を施行し、さらに多くの男性に選挙権を広げました。それでも、多くの労働者層の男性──そしてすべての女性にこの権利は与えられませんでした。

議員の中には、ときの首相ウィリアム・グラッドストンに「女性にも選挙権を与えるべき」だと訴える人もいました。首相はその意見に全面的に反対ではありませんでしたが、議会で十分な支持が得られるとは思えず、もし女性の選挙権を認める法案を作っても、議会で承認されないだろうと考えたのです。

グラッドストンの考えは正しかったのかもしれません。ヴィクトリア女王は自らグラッドストンに手紙を書き、この「女性の権利なる突拍子もない愚かなふるまい」に注意を促しています。当時、こうした考えはまだ一般的でした。

いつかみんなの
リーダーになる

しかし、サフラジストたちは決してあきらめず、女性の選挙権を求める運動はますます活発になっていったのです。

1832年：失われた選挙権

こでみなさんに質問です。ずっと昔、選挙権を持っていた女性もいたと思いますか?

サフラジストのなかにはそう信じていて、女性の選挙権運動は新しい権利を得る戦いではなく、奪われた権利を取り戻す戦いだと考えた人もいました。

アングロ・サクソン期*のイングランドで、女子修道院長が立法に関わっていたことはわかっています。ウィットビー修道院を設立したノーサンブリア王国の王女、聖ヒルダは大きな権力を持つ修道院長でした。この修道院には男女の修道士が住んでいました。古文書によると、聖ヒルダは政治にも携わり、664年には当時の王とイースターをいつに定めるかについて話し合ったという記録があります。

また、テューダー朝時代（1500年代）には土地を所有するイングランドの女性は議会選挙で投票できたと信じているサフラジストもいました。

それが本当なら、女性の選挙権は第1次選挙法改正の導入によって奪われたことになります。

1832年に制定されたこの新しい法律を明文化する際、今後投票権を持つのが誰なのかをはっきりと示す「男性（male persons）」という言葉が用いられました。それ以前は「mankind」という、法律文書でよく見る男女両方を表す語が使われていたのです。

1867年、マンチェスターで雑貨店を営むリリー・マクスウェルという女性の名が、誤って選挙人名簿に記載されたことがありました。

そのことを知った地元のサフラジストは、彼女が確かに投票したことを確認しました。1867年11月26日、リリー・マクスウェルは1832年の法改正後に議会選挙で投票した初の女性になったのです。

この行動に刺激を受け、1868年にはマンチェスターとその周辺地域に土地を所有する5000人以上の女性が、選挙人名簿への登録を願い出ます。そして、それはすべて却下されました。

しかし、女性の選挙権獲得の本格的な戦いはすでに始まっていました。そしてこの戦いは、女性が男性と同じ条件で投票できるようになるまで、60年間続くことになるのです。

*5世紀半ばから11世紀終盤まで

1832〜1897年：
一粒のどんぐりが大きな樫の木に

女性は何百年にもわたって男性と同じ権利を求めてたたかってきましたが、1832年当時、議会選挙で女性に投票権を与えることに賛成する人は男女ともにごく少数でした。

その一方で、女性は投票権を持つべきだと強く思い、議会に請願書を書いた人もいます。ヨークシャーに住む、メアリー・スミスという女性でした。

請願書とは、政府に対する要望を書いた手紙のようなものです。メアリーは、女性は男性とまったく同じ法律のもと生活し、男性と同じく税金を払う義務があるのに、なぜ投票権を与えられないのかと指摘しました。投票できなければ女性は法律や税の仕組みに関わることもできません。でも、議員のほとんどはこの請願書を気にも留めず、1832年当時メアリーの主張を真剣にとらえる人はいませんでした。

メアリーと同じ考えを持つ女性団体〈ケンジントン協会〉も1866年に嘆願書を書くことにしました。この団体のバーバラ・ボディション、エミリー・デイヴィス、エリザベス・ギャレットは、国会議員のジョン・スチュアート・ミルとヘンリー・フォーセットの友人でした。2人の議員は女性が投票権を持つことを支持しており、ジョンが議会に請願書を提出することになりました。

請願書を取り上げてもらうためには多くの人の署名が必要です。〈ケンジントン協会〉の請願書には、貧富を問わずイギリス中の1499名の女性の署名が集まりました。そのなかには教師、仕立屋、店の経営者、科学者、数学者、使用人、そしてとても身分の高い女性もいました。

それでも、請願書は無視されました。

ほんの1年後に法律が改正され、93万8427人の男性に新たに投票権が与えられます。でも、女性には与えられませんでした。権利を主張してきた女性たちはどんなに悔しかったことでしょう。

1867年、〈ケンジントン協会〉は〈ロンドン女性参政権協会〉と名前を変えました。これが、組織化された女性参政権運動の始まりです。まもなく、国中に多くの似たような団体が設立されました。

ヴィクトリア女王はこの状況を苦々しく思い、1870年に「神が女性をそうお作りになったように、男性の助け手という立場に留まるべき」だと主張します。このことは、逆にサフラジストが投票権を獲得する意志をますます固める結果となりました。

1897年、17の女性参政権協会がまとまって〈女性参政権協会全国連盟〉（NUWSS）と呼ばれる1つの大きな組織ができました。初代会長はミリセント・ギャレット・フォーセットという、とても賢明で勇ましい女性です。

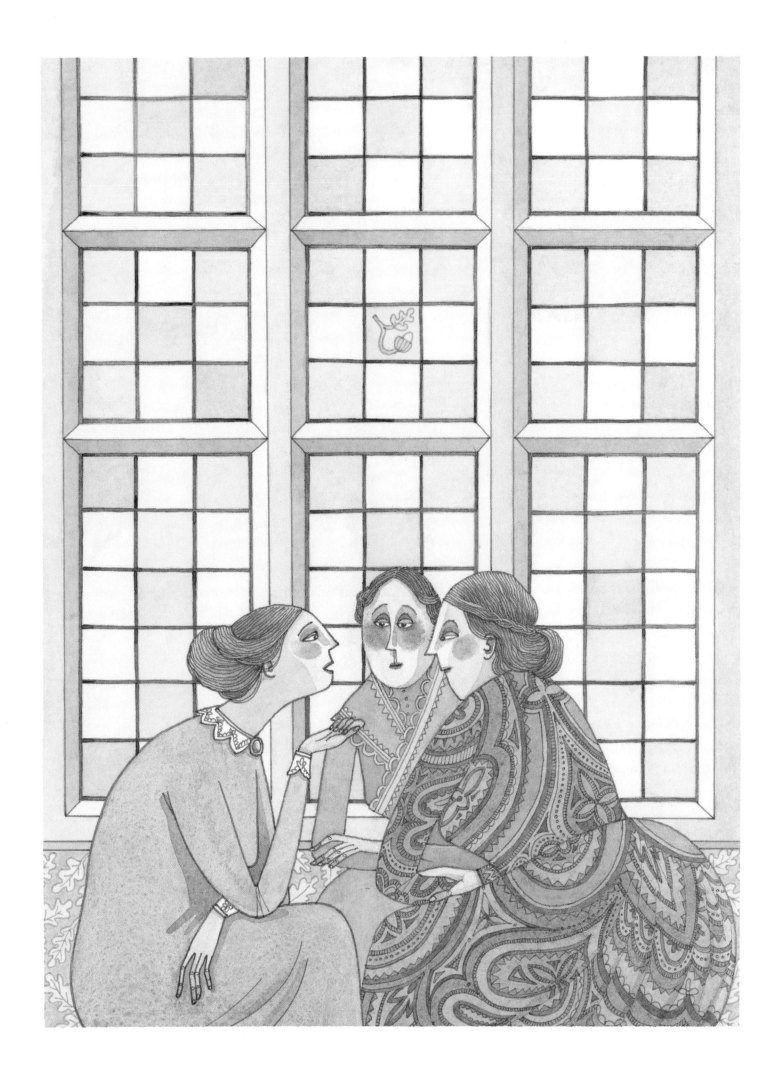

ミリセント・ギャレット・フォーセット

ミリセント・フォーセットは1847年に生まれました。結婚前の名前はミリセント・ギャレットで、10人きょうだいの7番目です。

ミリセントは読書と勉強が好きな少女で、ロンドンの寄宿学校で学びました。成長するにつれて女性教育に興味を持ち、それが男性教育と比較していかに不平等であるかに着目します。たとえば、姉のエリザベス・ギャレット（後に結婚してギャレット＝アンダースンとなりました）は、ただ女性だからという理由で、医学を学べる大学になかなか入学を許されませんでした（エリザベスはあきらめず、やがてイギリスで最初の女性医師となります）。

別の姉ルイーズは、女性の権利について進歩的な考えを持つ興味深い人びととをミリセントに引き合わせました。1865年、2人は国会議員ジョン・スチュアート・ミルの演説会に足を運びます。ミリセントは、女性も男性と同じ権利を持つべきだという彼の革新的な考えと信念に心を奪われました。当時、これはかなり衝撃的な考えだったのです。

1867年、ミリセントは女性の権利を強く支持していた国会議員ヘンリー・フォーセットと結婚します。ヘンリーは目が不自由だったので、ミリセントは彼の目となって議会でおこなわれた演説や討論を書き

留めました。そのため、女性が会議を傍聴したいときに使用される下院内の婦人傍聴席で長い時間を過ごしましたが、ミリセントはこの場所があまり好きではありませんでした。暑いし風通しも悪く、ずっといると頭痛がしてくるからです。でも、この頃には自身も政治に強い関心を持ち、政治に関する本や随筆を書くようになっていました。

やがて、彼女は女性の選挙権運動の中心人物となりました。人前で話すことは苦手でしたが（話すと具合が悪くなるほどでした）、女性の選挙権だけでなく、教育や働く女性の権利についても多くの演説をおこないました。ミリセントは、女性が投票権を獲得することが、家庭や職場での待遇の悪さの大部分を変えるきっかけになるとわかっていたのです。

最大の女性参政権団体〈女性参政権協会全国連盟〉（NUWSS）のリーダーとなったミリセントは、この団体は法律の範囲内で平和的に、そして粘り強く運動をおこなうことを宣言します。世間や政府の支持を得て投票権を獲得するにはこの方法しかない、その考えは終始揺るぎませんでした。

女性がようやく男性と同じ条件で投票権を得たのは、ミリセントが平和的な運動を展開してから61年後のことでした。

メアリー・スミス

1832年、ヨークシャーに住んでいたメアリーは政府に投票権を請願した最初の女性です。女性も政府に納税しているのだから、その税金の使い道について投票する権利があると主張しました。

エリザベス・ウォルステンホルム=エルミー（1833〜1918）

女子教育向上に力を注ぎ、〈ケンジントン協会〉のメンバーで後に〈女性社会政治連合〉に加わったエリザベスは、結婚の誓いで「従う」という言葉を使うことも、結婚指輪をつけることも、結婚前の姓を捨てることも拒否しました。

リディア・ベッカー（1827〜1890）

植物学と天文学に興味を持っていたアマチュア科学者で、雑誌『女性参政権ジャーナル（Women's Suffrage Journal）』を創刊した人物です。彼女は〈マンチェスター全国女性参政権協会〉の幹事と〈女性参政権協会全国連盟〉のリーダーも務めました。

ジョン・スチュアート=ミル（1806〜1873）

政治家で男女平等を推進する運動家でもあったミルは、女性に投票権を与えるよう求めた最初の議員です。現在では、個人の自由の重要性を主張した哲学者として、より有名かもしれません。

サフラジストと支援者たち

女性の選挙権を支持する人びとは、多くの団体や連盟、同盟を設立しました。そのほとんどが、過激な活動をおこなった〈女性社会政治連合〉（WSPU）とは違って穏健なグループでした。

穏健なグループから18団体が結集してできたのが、最大の女性参政権組織の〈女性参政権協会全国連盟〉（NUWSS）です。サフラジストとして知られる彼女たちの取り組みは〈女性社会政治連合〉とは異なり、合法的に選挙運動をすることに重点が置かれました。かつて「氷河のようにゆっくりと、しかし途切れることなく動き続ける」と評されたこの団体は、1914年には節度ある活動に賛同した約5万5000人が所属する団体になりました。

ただし、すべての団体が法律に従って活動したわけではありません。〈男性による女性参政権男性政治連合〉（MPU）と〈女性参政権同盟〉（WFL）のメンバーのなかには、過激な行動をとる人もいました。

ヒュー・フランクリン（1889〜1962）

〈ユダヤ人男性による女性参政権連盟〉に属し、過激派の活動家だった彼は、114回投獄されて食事強制の拷問を受けました。妻は〈女性社会政治連合〉のメンバーで、ヴィクター・デュヴァルの妹エルシーです。

シャーロット・デスパード（1844〜1939）

小説家であり、〈女性自由連盟〉と〈アイルランド女性参政権同盟〉の設立者です。戦争反対主義者で、過激な抗議運動を奨励したために何度も投獄されました。

ヴィクター・デュヴァル（1885〜1945）

サフラジェットのウナ・ダグデールの夫で、過激な〈男性による女性参政権男性政治連合〉を設立した彼は、〈国際女性参政権クラブ〉のメンバーでもありました。

キャサリン・インピー（1847？〜1862）

サマセット州出身のクエーカー教徒で菜食主義者、女性参政権支持者です。イギリス初となる反人種差別主義の雑誌『アンチ・カースト（Anti-Caste）』を創刊し、アメリカの公民権運動家アイダ・B・ウェルズをイギリスに呼んで講演を企画したこともあります。

ヘンリー・フォーセット（1833〜1884）

政治家で、ミリセント・ギャレット・フォーセットの夫であり、女性の権利のために活動したもっとも初期の人物の1人です。彼は25歳のとき、銃の暴発事故で失明しました。

ミュリエル・マターズ（1877〜1969）

オーストラリアに生まれたミュリエルは〈女性自由連盟〉に入り、大胆不敵な行為で世間の目を引いたことで有名です。ジャーナリスト、講師、女優、教育者の肩書を持ち、1924年に議員に立候補しました。

ウィリアム・ボール

庭師から仕立屋までさまざまな仕事に就いていたウィリアムは、男性としては珍しい過激派の活動家でした。窓を割って何度も投獄され、食事強制を100回以上も受けました。

テレサ・ビリントン＝グレイグ（1877〜1964）

教師でジャーナリスト、女性の権利に関する本も執筆しており、〈女性自由連盟〉の中心人物でもあったテレサは、頻繁に逮捕されています。彼女と夫のフレデリック・グレイグは、結婚後お互いの姓をもとの名につけ加えました。

1903年：時は来た

サフラジストの活動は広がりを見せたものの、1903年当時まだ目立った進展はなく、しびれをきらす団体も出てきました。

ミリセント・フォーセット率いる〈女性参政権協会全国連盟〉（NUWSS）など一部の運動家は嘆願書を作成し、女性の選挙権獲得に賛同する議員にこの問題を議会で提案してほしいと訴えるなど、合法的手段で政府に働きかけました。しかし、一部の女性は訴えに耳を貸そうとしない政府に不満を抱き、自分たちは無視され、ないがしろにされていると感じていました。闘争的な人びとが口を開く時が来たのです。そのうちの1人、エメリン・パンクハーストは、これまで散々訴え続けたにもかかわらず、なにひとつ達成されていないと感じていました。

1903年10月のある夜、マンチェスターの自宅でエメリンと長女のクリスタベルは、志をともにする地元の女性たちと新しい女性参政権団体〈女性社会政治連合〉（WSPU）を結成します。参加の資格はただ1つ、女性であることだけです。〈女性参政権協会全国連盟〉とは異なり、男性は支持者としては歓迎されたものの、メンバーにはなれませんでした。

支持者の1人に、フレデリック・ペシック＝ローレンスという男性がいました。妻のエメリンは〈女性社会政治連合〉のメンバーであり、1906年には名誉会計になっています。フレデリックとエメリンは男女平等を信じており、結婚するとお互いの名を加えて名乗りました。エメリン・ペシックとフレデリック・ローレンスは、ペシック＝ローレンス夫妻となることで、男性が妻を「所有」するという考えにはっきりと異議を唱えたのです。

ペシック＝ローレンス夫妻は1907年に〈女性社会政治連合〉の機関紙『ヴォーツ・フォー・ウィメン（Votes for Women）』を刊行し、編集も2人でおこないました。この機関紙の発行部数は、1910年には3万部に達しています。販売方法は全国の販売店を通じてか、〈女性社会政治連合〉のメンバーの手売りでした。手売りの際には、道路に立っていると、通行を妨げた罪で逮捕されかねないため、側溝に立って売ることもよくあったそうです。この機関紙の宣伝効果は抜群でした。漫画や記事を通じて開催予定の会議やデモを告知したり、〈女性社会政治連合〉メンバーの活動を報告したりすることで、女性の選挙権を求めてたたかっているというメッセージを広めることができたのです。この機関紙は支持者への強い訴えかけであり、同志を募る呼びかけでもありました。

法廷弁護士だったフレデリック・ペシック＝ローレンスは、〈女性社会政治連合〉が抱える裁判など法的な問題にも対応していました。当時、女性が法律関係の仕事をすることは許されていませんでした。クリスタベル・パンクハーストは法律の優等学位を取得しましたが、女性だという理由で弁護士になれませんでした。

クリスタベルは〈女性社会政治連合〉のリーダーとなって戦略を練るようになり、母親のエメリンとともにこの組織の全体的な方向性を決めていきます。メンバーは本部での活動、抗議デモへの参加、〈女性社会政治連合〉への資金提供など、どんな形で参加するかかなり自由に選ぶことができました。それをまとめて調整するのは、リーダーたちの役目です。

当初から、〈女性社会政治連合〉のメンバーはこの組織を一種の軍隊と見なし、自分たちをともにたたかう兵士だと考えていました。必要なのは、信念を貫くための確固たる忠誠です。

多くの女性はこの新しく大胆な方針を気に入り、連合の行動的な活動に惹かれました。〈女性社会政治連合〉は急速に拡大し、信念の人エメリン・パンクハースト率いる強力な戦闘組織、見過ごせない勢力となったのです。

エメリン・パンクハースト

1858年に生まれたエメリン・パンクハーストは、子どもの頃から政治を学んでいました。

子どもの頃、エメリン・グールデン（独身時代の名前です）は父親に新聞を読んで聞かせたり、学校の勉強道具が入ったバッグを手に、母親に連れられて女性参政権の集会に参加したりしていました。彼女の両親は女性の権利獲得を強く支持していたのです。

彼女はマンチェスターの学校に通い、後にパリに留学しましたが、自分が受けた教育は兄弟と比べると決して高くないことに気づきます。兄弟はおもにビジネス、数学、科学を学んでいました。つまり、将来の仕事に役立つ教科です。一方、エメリンが教わっていたのは家をきれいに保ち、家族の世話をする方法など、いわゆる家政術と呼ばれる教科が中心でした。エメリンは憤慨しました。なぜ自分は家族のために家を片づけることを求められ、兄弟たちは違うのだろう？

ある夜、彼女は父親が母親に小声でこう話すのを耳にしました。「エメリンが男でないのは残念なことだ」。エメリンは大声でこう言い返したかったのです。「男の子になんかなりたくない！」このときから、エメリンは世間は男性が女性よりも優れていると考えていることを認識し、その考えを変えなければという思いをいっそう強くしました。

1879年、彼女は弁護士のリチャード・パンクハースト博士と結婚します。彼自身も進歩的な考えを持ち、女性の権利獲得を熱心に支援していました。エメリンは労働者階級の女性の生活に強い興味を示すようになり、1888年にはマッチ製造工場の女性たちがおこなったストライキを強く支持しています。

マッチ製造工場では、女性たちが1日最大14時間働いていました。賃金も安い上に、ほんのささいなこと、たとえばちょっとおしゃべりしたり、許可なしでトイレに行ったりしただけで罰金を取られることもありました。さらに、マッチの原料である化学物質、リンが原因の体調不良にも苦しんでいました。皮膚は真っ黄色になり、髪の毛は抜け、あごの骨が壊死する「燐顎（りんがく）」という恐ろしい病気になったりしたのです。

活動家アニー・ベサントが書いた記事が新聞に掲載され、こうした劣悪な環境が公になると、工場長たちは「この記事は嘘っぱちで、実際にはみんな楽しく働いている」という文書にサインするよう女性従業員に迫りました。一部の女性は拒否し、その中心人物が解雇されてしまいました。これをきっかけに、少女を含む1400人の女性がストライキを決行したのです。ストライキは3週間続き、彼女たちが仕事に戻ったときには労働条件は改善され、罰金制度も廃止されました。

エメリンは自分たちの権利のために一致団結してたたかう女性の底力を目の当たりにします。この精神は〈女性社会政治連合〉（WSPU）設立の際や、その後の彼女の活動に大きな影響を与えました。

Deeds No

1903年：
言葉ではなく行動を

エメリン・パンクハーストと、設立したばかりの〈女性社会政治連合〉（WSPU）のリーダーたちがまずおこなったのは、印象的なスローガンを考えることでした。

勇気とやる気を奮い立たせる言葉、女性の投票権をおしとやかに主張する時代は終わったことを全世界の女性に知らしめる戦いの合図。今こそ行動する時です！長年の問題に片をつけなければなりません。エメリン・パンクハーストは「女性は法律を破りたいのではなく、法律をつくりたいのです！」と宣言しました。もっとも、彼女たちはその後、法を破ることになるのですが。

t Words

＊言葉ではなく行動を

1905年：
「質問！ 質問です！ 質問に答えて！」

1905年当時には静けさが戻っていました。大半の新聞や世間は、女性の選挙権活動をあまり気に留めていなかったのです。でも、やがて変化が訪れます。

当時は保守党が政権を握り、自由党が最大野党でした。1906年の総選挙に向けて選挙運動が始まると、自由党はマンチェスターのフリー・トレード・ホールという会場で集会を企画します。自由党議員のエドワード・グレイ卿が演説をおこない、その後、市民からの質問を受けることになっていました。

クリスタベル・パンクハーストと〈女性社会政治連合〉(WSPU) の仲間アニー・ケニーは、その集会に参加することにしました。 2人は「自由党は女性に投票権を認めるか？（Will the Liberal Party Give Votes for Women?）」と書かれた大きな垂れ幕を作りました。

アニー・ケニー　　クリスタベル・パンクハースト

集会の最中に二階席から垂らすつもりだったのです。ところが2階は満席だったため、直前で計画を変更することになりました。垂れ幕は手に持って振るには大きすぎたので、 2人は「女性に投票権を（VOTES FOR WOMEN）」という部分だけを切り取りました。これは、後に世界中で使われるスローガンになります。

数人の男性の質問にグレイ卿が答えた後、アニー・ケニーが立ち上がって静かな口調で尋ねました。「自由党が政権を取り戻したら、女性に投票権を与える方策を講じますか？」。横で、クリスタベルが小さく切った「女性に投票権を」の布を振ります。女性がそんな質問をするなんて、と会場には息をのむ音や不満を漏らす声が広がりました。係の男性が自分の帽子をアニーの顔に押しつけて発言を止め、彼女は席に連れ戻されました。

会場が再び静かになると、今度はクリスタベルが同じ質問を大声で投げかけました。辺りはまた騒然となり、口笛が鳴り響きました。集会は混乱状態のまま突然打ち切られましたが、2人の女性は引き下がらず、何度も叫びました。「質問！ 質問です！ 質問に答えてください！」

群衆は怒り、クリスタベルとアニーに襲いかかりました。 2人は会場から引きずり出され、通りに放り出されました。通行人はいったい何事かと足を止め、アニーとクリスタベルは集会を妨害した罪で逮捕されます。また、クリスタベルは会場から連れ出される際に警官の顔に唾を吐いた暴行罪で起訴されました。

罰金か投獄かどちらかを選べと告げられ、 2人は投獄を選びました。「私たちの質問に答えてほしいのです。それがだめなら、今夜は刑務所に泊まるまでです」

〈女性社会政治連合〉はそれ以降、この質問に答えてくれるまですべての自由党の集会を妨害すると公言しました。

＊女性に投票権を

1906年：ドアを開けて！

1905年にマンチェスターのフリー・トレード・ホールでの出来事が報道されると、イギリス中にさまざまな怒りが広がりました。

クリスタベル・パンクハーストとアニー・ケニーの逮捕は、複数の新聞の見出しを飾りました。2人の行動にぞっとした人もいれば、当局の彼女たちへの対応に恐怖を覚えた人もいます。でも、彼女たちの「市民的不服従」の行為は、女性参政権運動に対する新たな関心を呼び起こすことになりました。

「市民的不服従」は、自分の意思で政府への服従を拒否することを意味します。1905年以降、このやり方は〈女性社会政治連合〉（WSPU）のおもな武器となりました。

政治集会や会合で相手を質問攻めにしたり妨害したりする女性が増え、新聞も彼女たちの活動に注目し始めました。彼女たちは首相官邸のドアを何度も叩き、首相の車に飛び乗り、庁舎やバッキンガム宮殿の柵にまで自分の体を鎖でしばりつけて逮捕されます。こうした事件は、あちこちの新聞で報道されました。

〈女性社会政治連合〉は世間の注目を集める新たな方法を見つけたのです。首相官邸があるダウニング街10番地は頻繁に彼女たちの標的となりました。

1909年、デイジー・ソロモンとエルスペス・マクレ

ランは自らを郵便物として首相官邸に届けさせることで、直接メッセージを伝えようとします。当時の郵便法では、電報配達人が人を目的地まで案内することが認められていました。そこで、2人はお金を払い、電報を配達する少年に自分たちをダウニング街まで「配達」してもらったのです。応対に出た執事はこの「人間郵便」の受け取りを拒否し、最終的に2人は〈女性社会政治連合〉の事務所に送り返されました。でも、新聞記者たちは官邸前での様子を写真に撮り、翌日の新聞に掲載したのです。

こうした記事を見た世間の人びとは彼女たちの行為に呆れましたが、この事件は〈女性社会政治連合〉のメンバーが選挙権獲得に強い意志を持っていることを示していました。政府はこうした活動家を無視し続け、ただヒステリックに叫ぶ女たちだと片づけようとしました。でも、彼女たちは決して諦めようとはしなかったのです。

他の参政権団体には、〈女性社会政治連合〉に腹を立てる人もいました。〈女性社会政治連合〉の過激な活動が、法律を守りながら粘り強く政府に働きかける自分たちの戦術に損害を与えているというのです。

しかし、もう〈女性社会政治連合〉を止めることはできません。市民的不服従は徐々に激しさを増していき、新聞はそれをこぞって書きたてたのです。

1906年：腐った魚と卵

テレビやインターネット、携帯電話はもちろん、ラジオの全国放送すらなかったこの時代には、多くの人になにかを伝えるためには人前で演説するしか方法がありませんでした。

サフラジストもサフラジェットも多くの演説をおこない、自分たちがなにを、どんな理由で求めているのかを人びとに伝えました。1日の仕事が終わって工場から出てきた、何百人もの労働者を相手に話すこともありました。多くの人によく見えるよう、演説者は工場の門の外に置いた手押し車や椅子の上に立って話したそうです。ときには、いろんな町の公園や広場に集まった多くの人に向けて演説をおこないました。ロンドンのトラファルガー広場で、有名なライオン像の台座に立って演説したときには、新聞記者たちが最前列でその内容を書き留めて新聞に載せました。こうして、彼女たちのメッセージは多くの人びとに広がったのです。

演説の予定が決まると、誰が何時になにを話すかという知らせや、開催場所を示す矢印が壁や歩道にチョークで書かれました。

その知らせを見て、騒ぎを起こして困らせてやろうと考える人もいました。演説の最中に邪魔をしたり脅したりするために足を運ぶのです。演説者はオレンジや、もっとひどいものを投げつけられたり、やんちゃな子どもたちに豆鉄砲で撃たれたりもしました。

演説者のなかには、話を遮るために誰かが投げた腐った魚や卵から身を守るため、重い防水コートを着る女性もいました。怒りに満ちた群衆から「引っこめ、サフラジェット！」「家に帰って赤ん坊の世話をしろ！」などと野次られ、嘲笑されることもしょっちゅうで、ときには「やつを川に放りこめ！」と叫ぶ声も聞かれました。

それでも、演説が中止になることはありませんでした。彼女たちは動じることなく活動を続け、何千という男女に平等な権利を得るための戦いについて伝えたのです。その結果、多くの人がさまざまな参政権団体に参加し、会員が増えることで政府に立ち向かう力も増していきました。

この運動は富裕層から貧困層まで社会の隅々に広がり、あらゆる階級の人が演説者として参加しました。労働者階級の女性たちは、中流階級や上流階級の女性に比べて人前で話すことに慣れていなかったため、人前で話すレッスンを受けました。彼女たちは、過酷な労働環境をよく知っている同じ階級の女性だけでなく、中流階級や富裕層の女性グループ相手に演説するよう促されました。そして彼女たちは劣悪な環境のなか低賃金で働く自分の経験を話し、平等な権利を求める運動にすべての女性の要求を取りこむことの重要性を富裕層に気づかせたのです。彼女たちは投票権だけでなく、さまざまな職業や地位における幅広い社会改革を求めて運動していました。

1906年：小さき者——〈-ette〉

女性社会政治連合（WSPU）の活動が大胆さを増すにつれ、新聞記者たちも注目するようになりました。そんな記者の1人に、『ロンドン・デイリー・メール』紙のチャールズ・E・ハンズがいます。

1906年の〈女性社会政治連合〉の好戦的な活動を記事にしたハンズは、彼女たちを「サフラジスト（suffragist）」ではなく「サフラジェット（suffragette）」と呼びました。法律の範囲内で平和的な選挙権活動をするメンバーと、〈女性社会政治連合〉の過激なメンバーを区別するためです。

当時、なにか小さなもの、劣ったもの、女性的なもの（大半の人にとってこの3つは同義語でした）を表現するときに、単語の最後に〈-ette〉をつけることが流行っていました。たとえば小さなキッチン（kitchen）はキチネット（kitchenette）、短い小説（novel）はノーブレット（novelette）、革（leather）の代わりに紙や布で作られた安物はレザレット（leatherette）という具合です。ハンズは「サフラジスト（suffragist）」の語尾を〈ette〉に換えることで、サフラジェットは取るに足りない存在だ、ちっぽけで愚かなニセモノだと伝えたのです。いじめっ子が誰かにひどいあだ名をつけるのと同じで、〈女性社会政治連合〉の過激派メンバーを「サフラジェット」と呼ぶのは、彼女たちをあざけり、からかうためでした。

ところが、ハンズの思惑は外れました。〈女性社会政治連合〉のメンバーは〈サフラジェット〉と呼ばれることに腹を立てるどころか、自ら誇らしげにそう名乗るようになったのです。

〈サフラジェット〉という言葉はきっと世間の注目を集めるだろう、と〈女性社会政治連合〉は考えました。これこそ彼女たちが望むことです。1912年、〈女性社会政治連合〉は2番目に創刊した機関紙を『サフラジェット』と名づけました（戦争が勃発した1914年に『ブリタニア』と変更されています）。

〈サフラジェット〉は女性だけで構成されている〈女性社会政治連合〉のメンバーだけを指す言葉ですが、〈サフラジスト〉は男女関係なく、イギリスや世界の他の地域で女性が投票権を得るために活動しているすべての人を指す言葉として使われました。

ただ、たとえたたかい方は違っていても、男性と同じ条件で女性の投票権を獲得するまでたたかうという強い決意は、サフラジェットもサフラジストも同じでした。

*女性に投票権を
言葉ではなく行動を

アニー・ケニー（1879〜1953）

労働者階級としてはただ1人〈女性社会政治連合〉の中枢部にいた女性です。10歳から綿花工場で働き、ミシンの操作事故で指を一本失いました。彼女は何度も投獄され、食事強制を受けています。

ヴェラ・〈ジャック〉・ホーム（1881〜1973）

〈女性社会政治連合〉のリーダーたちの運転手を務めたヴェラは、女性参政権運動の演劇を上演する〈女優参政権同盟〉のメンバーでした。第一次世界大戦では救急車の運転手をしていました。

シルビア・パンクハースト（1882〜1960）

芸術家だったパンクハーストは、〈女性社会政治連合〉のポスターや垂れ幕を多くデザインしました。何度も投獄され、食事強制を受けています。第一次世界大戦中、4軒の母子病院開設に尽力しました。

マリオン・ウォレス＝ダンロップ（1864〜1942）

彫刻家で本の挿絵画家でもあったウォレス＝ダンロップは、首相官邸の窓に投石した罪で投獄され、初めてハンガーストライキをおこないました。

おもな
サフラジェット

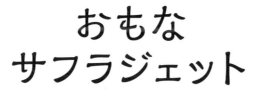

王女からお針子まで、〈女性社会政治連合〉（WSPU）の大胆な活動方針に8000人近くの女性が賛同し、仲間に加わりました。一部のメンバーは世間、マスコミ、政府の注目を集めるために暴力的な行為に走り、1000人以上が刑務所に入りました。そのうち数百人がハンガーストライキを決行して、食事強制の拷問を受けています。〈女性社会政治連合〉が作った多くのスローガンの1つは「もっと騒ぎを起こそう」というものでした。

ローザ・メイ・ビリングハースト（1875〜1953）

刑務所で食事強制の拷問を受けた1人です。彼女は三輪の車いすに乗って抗議活動を積極的におこない、ロンドンのあちこちの郵便ポストにインクを流しこむなどの攻撃をおこないました。

エメリン・ペシック＝ローレンス（1867〜1954）

〈女性社会政治連合〉の会計係で『ヴォーツ・フォー・ウィメン』の共同編集者、そして〈女性社会政治連合〉のイメージカラーを緑・白・紫に決めた人物です。彼女も刑務所で食事強制を受けました。

フレデリック・ペシック＝ローレンス（1871〜1961）

エメリンの夫で、〈女性社会政治連合〉の運営に協力した唯一の男性です。1923年に宿敵ウィンストン・チャーチルを破り、議員に当選しました。

フローラ・ドラモンド〈将軍〉（1879〜1949）

ドラモンドは〈女性社会政治連合〉スコットランド支部の中心人物で、後にロンドンに移り住みます。よく軍服を着て馬に乗り、行列の先頭を歩いていたことから〈将軍〉とあだ名がつきました。

ジュリア・スカー（1871～1927）

〈東ロンドン・サフラジェット連盟〉（ELFS）のメンバーで、1914年には女性の低賃金改善を首相に訴える代表団を率いました。

エミリー・ワイルディング・デイヴィソン（1872～1913）

極端に過激な活動をおこなって何度も投獄され、食事強制を受けた人物です。刑務所の独房にバリケードを築き、看守がホースで放水してドアを壊したこともありました。

メアリー・リー（1885～1978）

初期に窓を割る活動をおこなった1人で、世間を騒がせた多くの抗議活動に関わっていました。幾度となく投獄され、食事強制を受けています。〈女性社会政治連合〉が結成したバンドの楽隊長も務めていました。

ウナ・ダグデール（1880～1978）

ダグデールは結婚の誓いで「従う」という言葉を拒んで世間を騒がせましたが、結局その希望はかないませんでした。「従う」と言わなければ結婚は無効になると言われたのです。後に、『愛し、敬うが従わず』というパンフレットを執筆しました。

エディス・ニュー（1877～1951）

教師で、〈女性社会政治連合〉の過激な運動家でもありました。初期に窓を割る活動をおこなった1人で、何度も投獄され、食事強制を受けています。

イーディス・ガラッド（1872～1971）

柔術の指導者だった彼女はサフラジェット、特に〈女性社会政治連合〉のリーダーたちを守るために結成された30人の女性ボディーガード集団〈アマゾン〉に護身術を教えました。

ソフィア・ドゥリープ・シング王女（1876～1948）

ソフィアは〈女性納税拒否連盟〉と〈女性社会政治連合〉のメンバーでしたが、当局は彼女が王族であることを理由に投獄しませんでした。第一次世界大戦では看護婦として働いています。

クリスタベル・パンクハースト（1880～1958）

エメリン・パンクハーストの長女で、〈女性社会政治連合〉の戦略を練った中心人物です。彼女は全国の新聞記者も注目する、もっとも影響力のある演説家の1人でした。

レディ・コンスタンス・リットン（1869～1923）

貴族のリットン夫人はジェーン・ウォートンと名乗り、仕立屋と偽って食事強制を受けます。その経験から、労働者階級と上流階級では刑務所内での待遇に差があることを告発しました。

サフラジスト

民主的

連盟として運営

〈女性参政権協会全国連盟〉
（NUWSS）をはじめとする
すべての女性参政権団体

リーダーはメンバーによって
選出される

法律の範囲内で
平和的に活動する

スローガンなし

女性参政権協会全国連盟（NUWSS）のポスター

サフラジェットによる
暴力的な活動は
女性の投票権獲得という
理念を傷つけ、
世間の反発を買うと
考えていた

男性も
女性参政権団体に入り、
活動を支持することが
できた

戦時中も
女性の投票権を求めて
活動を続けた

 1800年代中盤に
活動開始 すべての活動は
平和的におこなわれた

サフラジェット

独裁的

軍隊のような運営

〈女性社会政治連合〉
（WSPU）

リーダーは選挙で選ばれない

過激で、法律を破り、
市民的不服従もいとわない

「言葉ではなく行動を」

女性政治社会連合（WSPU）が発行していた機関紙
『ザ・サフラジェット』

暴力的な行為
でしか変化は起こせない
と信じていた
（攻撃は家屋や物品が対象で、
人命を脅かすことはなかった）

女性は自立すべきなので
男性をメンバーには
加えないという
方針を立てた

1914年に
第一次世界大戦が始まると、
すべての過激な活動を
中止した

 1903年に活動開始

1905年から1914年にかけて
市民的不服従を実践

1907年：泥だらけの行進

1907年2月9日土曜日の天気は最悪でした。大雨、凍えるような寒さと霧。ロンドンの通りはどこも泥でぬかるんでいました。

こんな日に、上品なドレスと美しい帽子を身につけた女性たちが「何事にも失敗ということはない」「正しいおこないを粘り強く」「特権ではなく正義を」と書いた横断幕を手にして行進するとは誰も思わないでしょう。でも、この日ロンドンで、何千人もの人びとがその光景を目にしたのです。

それは〈女性参政権協会全国連盟〉（NUWSS）が企画した最初の大規模なデモ行進でした。政府や世間の考えとは反対に、多くの女性は投票権を望んでいることを示すためです。

〈芸術家女性参政権連盟〉が告知のポスターや絵葉書をデザインし、「すべての階級の」女性に「この行進に参加して、法律の範囲内であなたの熱意を効果的に示しましょう」と呼びかけました。

このデモ行進は法律に従い、堂々とおこなわれることが前提でした。参加者は午後2時にハイドパーク・コーナーにある野外ステージに集合してストランドのエクセター・ホールに向かい、そこで多くのメンバーが演説することになっています。

40以上の女性参政権団体から3000人以上の女性が参加し、雨の中2マイル（約3.2キロ）の道のりを歩きました。

この行進の企画に関わったミリセント・フォーセットはこう語っています。「ロンドンの天気は、まるで私たちを邪魔しているかのようでした。とにかく辺り一面泥だらけという状況でしたから」

でも、全国から集まった女性たちは怯みませんでした。参加した女性の階級はさまざまで、工場労働者や織物工、看護婦が、芸術家、作家、医師などと並んで行進しました。この日は、名家の裕福で上品な女性と、普通の労働者階級の女性が一堂に会したのです。

雨と泥の中、〈女性参政権協会全国連盟〉のイメージカラーである赤と白の帽子、リボン、スカーフを身につけた女性たちが風に吹かれながら歩く姿は、壮観だったにちがいありません。

現在は、政府の決定に抗議してデモがおこなわれることは珍しくありませんが、1907年当時これほど多くの女性がデモ行進に参加することはめったになく、衝撃的ですらありました。新聞社は早速取材に向かい、こぞって大々的な記事を書きました。

このデモに参加するにはかなりの勇気が必要です。参加したことが公になって悪い評判が立つことを心配する人もいれば、失業するのを恐れる人もいました。それでも、彼女たちは危険を冒す価値はあると考え、信念のもと、敢えて人目を集めるデモ行進をおこないました。

「泥の行進」として知られるようになったこのデモは、大成功だと世間から評価されました。そして、その後多くのデモ行進がおこなわれるようになり、女性は一致団結して立ち上がり、投票権を獲得するためにたたかうことを政府や反対派の人びとに示したのです。

1907年：「必ず自由を」

誰でも友だちとけんかすることはあります。特に、お互いの意見に耳を貸さない場合には。

エメリン・パンクハーストと娘のクリスタベルは、とても厳しいリーダーでした。〈女性社会政治連合〉（WSPU）に関わるすべての大きな決定を下すのは、この2人とエメリン・ペシック＝ローレンスです。ほとんどのメンバーはその決定に納得していましたが、反対だと思ったときは我慢するか〈女性社会政治連合〉を脱退するしかありませんでした。

1907年、クリスタベルとエメリンの友人数名が「〈女性社会政治連合〉はもっと民主的であるべきだ」と訴えますが、リーダーたちの答えは「とんでもない！」でした。そこで、シャーロット・デスパードは他の70人の女性とともに〈女性社会政治連合〉を脱退し、〈女性自由連盟〉（WFL）を結成します。

〈女性自由連盟〉のメンバーのほとんどは平和主義者で、どんな形であれ戦いや暴力に反対する立場をとりました。

〈女性自由連盟〉は精力的に活動しました。機関紙『ザ・ヴォート』は内容が充実していて、彼女たちが政府を批判する優れた手段となりました。

彼女たちは新規メンバーを獲得するため馬車に乗って全国を回り、町や村に立ち寄って演説をしたり機関紙を売ったりしました。

〈女性自由連盟〉も〈女性社会政治連合〉と同じく攻撃的で、必要と思えば法律を破ることも辞さない覚悟でした。ただし、その手段は暴力的でないものに限られます。女性参政権の運動家が逮捕されるたびに、〈女性自由連盟〉の面々は法廷に足を運びました。男性だけで作った法律のもと、男性によって女性が裁かれることに抗議するためです。「女性が投票権を得るまでは、法律は男性だけの考えを反映したものです。これでは人としての正義が守られているとは言えません」

彼女たちは〈女性自由連盟〉の理念を伝えるために政治家の自宅を訪ねることもありました。1909年には〈女性自由連盟〉のメンバーが下院の外で3カ月間平和的な抗議活動をおこない、首相との直接対話を要求しましたが、この訴えは無視されました。

〈女性自由連盟〉のメンバー100人が刑務所に送られたこともあります。彼女たちのおもな抗議手段の1つは税金の支払いを拒否することでした。彼女たちの主張は、メアリー・スミス（18ページ）が1832年に請願書を書いたものと同じです。「代表なくして課税なし」の精神に則った活動は、政府に対抗する実用的で有効な手段でした。

*1　女性自由連盟
*2　女性に投票権を

1907年：女性に投票権を？あり得ない！

「家にあるべきものは猫と女と煙突」。この古い格言には驚きますが、20世紀初めのイギリスでは、多くの人びとがまだこんなふうに思っていました。

女性に議会投票権を与えるという考えは、男女ともに大きな反発を買いました。大半の人は、女性は身体的にも感情面でも知性においても、男性に劣ると考えていたのです。そんな彼女たちが投票したからといって、なんの足しになるでしょうか？

女性の選挙権運動が拡大し、力強い声が日増しに大きさを増すにつれ、この運動に反対する人びとも意見を主張し始めました。こうした人びと、いわゆる反対派は〈全国反女性参政権連盟〉として知られるようになり、改革を求めてたたかう男女をあざ笑いました。変化に不安を感じ、嫌う人は一定数いるものです。女性の投票権に反対する人びとも、もし女性が重要な政治的決定をするようになれば、この国は、いや、世界はどうなるのかという不安を持っていました。

反対派はありとあらゆる極端な理由を述べて、女性に投票権を認めるべきではないと主張しました。いわく「女性は衝動と感情に支配され、論理的に考えることはできない」「女性の頭にあるのはどんな帽子を被ればいいか、どの美しいドレスを買おうか、すてきな結婚相手はどこにいるのか、ゴシップ、チョコレート、赤ちゃん、子犬、子猫――つまり、子どもっぽいことだけ」。女性は分別がなく気まぐれで正しい判断ができない、と反対派は言います。女性は家にいて縫い物や刺繍をたしなみ、お茶を飲んでいればいい、と。ある国会議員の言葉です。「女性に投票権だって？　その次はなにを要求されるのかね。馬や犬の投票権か？」

女性は
投票権など
望んでいない

ANTI-SUFFRAGE CAMPAIGN
Palace Chambers Westminster.

女性に投票権を？
あり得ない！

反対派は新聞や雑誌に広告を出したり、葉書やポスターを作ったりして、女性の選挙権運動の勢いを弱めようとしました。抗議活動をおこなう女性の背中に侮辱的な言葉を書いた紙を貼るなど、幼稚な悪ふざけも横行しました。

でも、反対していたのは、自分を女性より上等だと思いこんでいる男性だけではありません。女性の投票権獲得に強く反対する中心人物のなかには女性もいたのです。彼女たちは、自分の意思決定を男性に任せることに満足していると話し、もし女性が男性と同じ条件で選挙権を得たら家庭生活はもちろん、人類の発展も終わりを告げると信じていました。戦争の足音が間近に迫っていたこの時期、男女を問わず、人びとの心にはある切実な恐怖がありました。それは、もし女性が投票権を得たら、国は戦争反対の立場をとることになり、その結果、男性は国を守るために出征することを拒むのではないか、という恐れです。

どちらにせよ、多くの人は「大半の女性は投票権など求めていない」と考えていました。

*WFL 女性に投票権を

おもな反対派
の人びと

〈**全**国反女性選挙権同盟〉は、1910年に〈女性による全国反女性選挙権連盟〉と〈男性による全国反女性選挙権同盟〉が合併して結成されました

〈全国反女性選挙権同盟〉は、1914年には会員数がこれまでで最高の4万2000人に達しましたが、そのうち男性は5分の1に過ぎませんでした。これだけ多くの女性が自分の投票権獲得に反対していたとは驚きですが、当時女性の投票権承認に反対する請願書に30万人以上が署名したことから、反対派は世論が自分たちの味方についたと確信していました。

もっとも強力な反対派には社会改革主義者や、貧しい人びとを支援し、特に女性の教育と生活水準の向上を求める熱心な運動家もいました。こうした人びとですら、女性は複雑な政治に関わるべきでないという揺るぎない信念を持っていたのです。

大半の人は女性の選挙権獲得に強く反対しましたが、時とともに考えを変え、逆に支援者となった人もいました。

ガートルード・ベル（1868〜1926）

考古学者で探検家でもあった彼女は世界中を旅し、バグダッドにイラク国立博物館を設立するという偉業を成し遂げました。にもかかわらず、彼女は〈女性による全国反女性参政権連盟〉のリーダーの1人で、多くの女性は政治を理解するだけの教育を受けていないため、女性に票を与えても無駄になるだけだと信じていたのです。

カーゾン侯爵（1859〜1925）

インド総督で後に外務大臣となった彼は、女性参政権に反対して1910年の『タイムズ』紙で世間の支持を求めました。それに対し、ある男性は「貴公のくだらぬ話に貴公が思っているより多くの男性が、憐れみを感じています」と答えたそうです。それでもカーゾン卿は考えを変えず、1912年に〈全国反女性選挙権同盟〉の会長になりました。

ヴィクトリア女王（1819〜1901）

63年間の在位期間（1837〜1901）、彼女は世界でもっとも強力なリーダーの1人でありながら、「女性の権利」に強く反対していました。女性の権利を「邪悪な愚行」と表現したこともあります。娘の1人であるルイーズ王女は母親に隠れてサフラジストたちと交流を持ちましたが、そのことを公にすることはありませんでした。

エセル・バーサ=ハリソン（1851〜1916）

ロンドンとフランスで現地の家庭教師から教育を受けた、富裕層の女性です。〈女性による全国反女性選挙権同盟〉のリーダーの1人で、「女性は本来政治活動には向いていない」という持論を随筆に記しました。また、賛美歌も数曲作り、出版しています。

ハンフリー・ウォード夫人（1851〜1920）

結婚後の名前で作品を発表した有名な小説家で、〈女性による全国反女性参政権連盟〉の創設者です。彼女が亡くなったとき、女性の投票権獲得を支持していた作家ヴァージニア・ウルフは、こんな痛烈な言葉を送りました。「ウォード夫人は死んだ。哀れなハンフリー・ウォード夫人が。結局、彼女は取るに足りない女性だったようだ——地面に埋められ、もうすでに忘れられている」

レディ・ジャージー（1849〜1945）

レディ・ジャージーは〈女性による全国反女性参政権連盟〉の創設に関わった数人の貴族の１人で、1908年7月21日にロンドンのウェストミンスター・パレス・ホテルで開催された連盟の第１回目の会議で議長を務めました。彼女は、議会選挙で女性に投票権を与えるのは大惨事が起こるのと同じことだと信じていました。

ハーバート・ヘンリー（HH）・アスキス（1852〜1928）

1908年から1916年までイギリス首相を務め、サフラジェットの格好の標的となりました。女性の投票権を認める法律が可決されそうになるたび、ことごとく阻止したからです。その一方で高齢者に年金を支給し、失業者や障害者、病人に財政支援を提供する急進的な法律を導入しました。

ウィンストン・チャーチル（1874〜1965）

当時チャーチルは内務大臣で、サフラジェットの過激な活動を鎮圧する役目を負っていました。サフラジェットは彼の監督下で「ブラック・フライデー」において残虐な行為がおこなわれたことを非難しています（74ページ参照）。彼は、「父親、兄弟、夫が十分に女性の考えを代弁している」ため、女性に投票権は必要ないと主張しました。しかし、後にその考えを改め、1918年には一部に限定するものの女性に投票権を与える法案に賛成票を投じています。

ヴァイオレット・マーカム（1872〜1959）

その生涯を通じて貧しい人びとや失業者の生活を改善する活動をおこないましたが、〈女性による全国反女性参政権連盟〉の熱心な支持者でもありました。女性の選挙権獲得に反対する熱心な活動家で、ロンドンのアルバート・ホールをはじめとする主要な会場で演説もおこない、1918年の総選挙では国会議員に立候補しています。このときは落選しましたが、のちにチェスターフィールドの市長になりました。

モントローズ公爵夫人（1854〜1940）

〈スコットランド全国反女性参政権連盟〉の会長で、女性に政治的な決定を下す能力はないと信じていました。彼女は自身の富と社会的地位を利用し、助産婦や看護婦の養成や貧しい子どもたちのための施設の設立など、多くの社会的支援もおこなっています。スコットランド赤十字の会長も務めました。

1908年：ガラスを割れ！

サフラジェットのモットーである「言葉ではなく行動を」が功を奏し、〈女性社会政治連合〉(WSPU)のメンバーによる市民的不服従の活動は広く世間に知られるようになりました。

この頃、サフラジェットが政治家を問い詰める声に加え、ある音が政府の中枢にまで響き渡るようになります。それは、ガラスを割る音でした。この音は、やがてとても強大な影響を及ぼすことになります。

1908年6月30日、〈女性社会政治連合〉のメアリー・リーとエディス・ニューが石を手にしてダウニング街に向かいました。10番地に到着した2人は、窓に石を投げつけてガラスを粉々に砕きます。当然ながら逮捕され、ホロウェイ刑務所に2カ月間服役することになりました。

2人の市民的不服従の行為は、これが初めてではありません。エディスは以前、ダウニング街10番地の鉄柵に自分の体を縛りつけて逮捕され、メアリーは1907年にサフラジェットが実行した国会議事堂までのデモ行進の途中、過激な行為を理由に刑務所に送られました。

でも、サフラジェットによる最初の破壊行為と見なされているのはこの投石です。〈女性社会政治連合〉による

過激な選挙権活動を通して、何年にもわたって何百もの窓が割られ、何千ポンドもの損害がもたらされました。

メアリーとエディスが釈放されると、〈女性社会政治連合〉の仲間が刑務所の門で2人を英雄のように出迎え、その名誉を称えるお祝いの朝食会に連れて行ったのです。2人は屋根のない馬車に乗りこみましたが、馬車を引くのは馬ではなくサフラジェットたち――しかも音楽隊のにぎやかな演奏つきです。

彼女たちは暴力的な行為を謝るどころか、女性に投票権を与えなければ「次は石が爆弾になるだろう！」と政府を脅しました。

1908年：最大の敵

サフラジェットは、自分たちの活動は1つの戦争だと考えていました。多くの敵がいましたが、もっとも厄介で手強いのはイギリスの首相です。

名前の頭文字をとって「HH」と呼ばれたハーバート・ヘンリー・アスキスは、1908年4月に自由党の党首、そしてイギリスの首相に就任します。これは、サフラジェットにとっては嬉しくないニュースでした。アスキス首相は、女性の投票権を認めない姿勢を明確にしていたからです。多くの自由党議員は女性の投票権獲得に賛成でしたが、アスキスは国民が女性の投票権獲得を支持し、これが実現すればよりよい社会になると証明したがっていることも、ほとんどの女性が投票権を望んでいることも信じようとしませんでした。

サフラジストは1908年にロンドンのハイド・パークで大規模な集会を開き、25万人以上の参加者が「女性に投票権を！」と声を合わせました。

それでもアスキス首相は耳を貸さず、さまざまな女性参政権団体、特に〈女性社会政治連合〉（WSPU）のリーダーとの面会を繰り返し拒否しました。

アスキスは、サフラジェットに腹を立てていたのです。

彼女たちは首相を目の敵にして、近づける機会を見つけたら必ず攻撃しました。罵声を浴びせ、ひっぱたき、鞭で打ったことすらあります。スコットランドで首相がゴルフを楽しんでいたときには、 2人のサフラジェットがコースに入りこんでプレイを遮り、熱弁を奮い始めました（このときアスキスはかなり怒っていました）。

HH・アスキス　自由党
イギリス首相 1908〜1916年

サフラジェットたちは首相の車に飛び乗ったり、窓を叩き割ったり、首相官邸の鉄柵に鎖で自分の体を繋いだりという行動に出ました。バーミンガムでは屋根材を投げつけ、アイルランドのダブリンでは彼が演説をおこなう予定の劇場に火をつけようとしました。このときダブリンにいたメアリー・リーは、彼が乗っていた馬車に斧を投げつけています。幸い直撃はまぬがれましたが、首相のそばにいた国会議員ジョン・レドモンドは斧が耳に当たって怪我をしました。

このような行為で首相の心が動くことはなく、むしろ逆効果となってしまいます。

やがて首相はより平和的で、斧を振り回したりしないミリセント・フォーセットと、彼女が率いる〈女性参政権協会全国連盟〉（NUWSS）メンバー数名と会うことに同意しました。それでも、彼の意志が変わることはありませんでした。首相だった数年間、彼は女性が投票権を得ることに反対の姿勢を貫き通したため、サフラジェットとの争いはますます激しさを増していきました。

1908年：「トロイの木馬*攻撃」

サフラジェットたちは、頻繁に国会議事堂に押し入ろうとして止められています。下院議員への質問攻めやブーイング、ときには身体的な攻撃も辞さない彼女たちに、政府は我慢の限界を迎えようとしていました。

政府はかなり神経をとがらせ、侵入を阻止するために大勢の警官を国会周辺に配置することもありました。

しかし、サフラジェットたちは簡単には諦めません。クリスタベル・パンクハーストが新しい戦術を思いつきます。1908年のある日、大きな家具を積んだトラックが国会の門を通り抜けました。警官たちは特に気にせず、列を崩してトラックを通したのです。

トラックが敷地内に入るやいなや、20人以上のサフラジェットが車の後部から飛び降り、建物の入り口めがけて走り出しました。驚いた警官たちは後を追ってその大半を捕まえましたが、2人だけはその手を逃れ、「女性に投票権を！」と叫びながら建物内に駆けこみました。

新聞はこれをおもしろがり、「トロイの木馬攻撃」と呼びました。サフラジェットが警察を出し抜いたこの事件は遠くニュージーランドでも報道され、『オークランド・スター』紙には「このような決意と勇気をもってすれば、最後に彼女たちは勝利を手にするに違いない」という記事が載りました。

勝利はまだ遠いとはいえ、女性の選挙権運動はこうした大胆な行為によってますます注目されるようになっていきます。

*ギリシャ神話に登場する大きな木馬。
ギリシャ兵士が木馬の中に隠れてトロイへ潜入、
トロイ戦争に勝った

反逆の王女

ソフィア・ドゥリープ・シングはサフラジェットのメンバーで、政治的反逆者、そして……本物の王女でした。

彼女の祖父はインドのマハラジャ*で、「パンジャーブの虎」と呼ばれたランジート・シングで、強大な力を持っていました。でも彼が亡くなったとき、息子（ソフィアの父）ドゥリープ・シングはまだ子どもだったため、当時インドを支配していたイギリスに迫られ、遺産をすべて譲り渡してしまいました。

父・ドゥリープは15歳の時にインドから追放されてイギリスにわたり、そこでヴィクトリア女王の寵愛(ちょうあい)を受けるようになりました。1876年に娘ソフィアが誕生したとき、名づけ親になったのはヴィクトリア女王でした。

王女となったソフィアは上流階級に育ち、貴族や王族とも交流がありました。幼い頃からチーターやヒョウをペットにする生活でしたが、成長するにつれ、セレブとして上流社会でもてはやされるようになります。

やがてソフィア王女は自分の一族がイギリスに騙されていたことを知って悩み、人生を満たすには美しいドレスやパーティ以上のなにかが必要だと気づきます。

1908年、ソフィア王女はサフラジェットのメンバー、ウナ・ダグデールと出会い、〈女性社会政治連合〉の刺激的な冒険談を聞かされました。王女は彼女たちの活動に憧れ、女性の権利を得る戦いに身を捧げることを決意します。

王女は自宅であるハンプトン・コート宮殿の外で、定期的に機関紙『サフラジェット』を売るようになりました。これは〈女性社会政治連合〉（WSPU）の活動にとって大きな宣伝材料です。彼女はまた、女性に投票権が与えられるまでは納税を拒否することを掲げた〈婦人納税拒否連盟〉にも参加しました。

政府は、名声と人気のある王女を逮捕すればかなり面倒なことになるとわかっていたため、ソフィアの行動に目をつぶろうとします。でも、最終的には納税の義務を怠ったとして罰金を科し、執行官たちがハンプトン・コート宮殿に出向いて王女の宝石類を没収しました。オークションに出品して、未納分の支払いに充てるためです。

でも、誰も予想していなかったことが起こりました。オークションが開かれるたびに会場は富裕層の女性でいっぱいになりますが、誰も入札しなかったのです。価格はどんどん下がります。やがて1人の女性が入札してわずかな金額で宝石を購入し、その女性は当局への抗議の意味をこめて、会場に必ず姿を見せていたソフィア王女に大げさな身振りで恭しく戦利品を手渡したのです。

サフラジェットは政府に逆らい、世の中の関心を自分たちの運動に向ける新しい方法を常に探し求めていました。

*イギリス領インド帝国で各地の領地を支配した「偉大な王」、藩王国の統治者の呼名

ピンとバッジ

バッジはなかなかの優れものです。さりげなく身につけることで、自分がなにを支援しているかを簡単に示すことができます。

女性選挙権運動を支持する人のなかにはとても貧しく、紫色の帽子やスカート、緑のドレスやジャケット、白い手袋など、〈女性社会政治連合〉（WSPU）のイメージカラーの品物を買う余裕がない人もいました。彼女たちが持っているよそ行きの服はたいてい一着だけで、色は灰色か茶色か黒だったのです。

でもバッジなら値段が安く、堂々と身につけて女性の投票権獲得を支持していることを示すことができました。多くの女性参政権団体は、自分たちのイメージカラーを用いたバッジを作りました。

バッジはイギリスでもアメリカでも人気がありました。前ページの絵は、〈女性自由連盟〉〈男性による女性参政権連盟〉〈女性参政権協会全国連盟〉〈婦人政治連合〉〈女性参政権教会連盟〉〈女性作家による女性参政権連盟〉〈女性社会政治連合〉〈女性参政権ユダヤ連盟〉〈婦人納税拒否連盟〉〈女優参政権同盟〉〈女性参政権党〉などのバッジです。

当然、反対派もバッジを作りました。〈女性による全国反女性選挙権同盟〉や〈全国反女性選挙権同盟〉のバッジには、それぞれイングランド、スコットランド、アイルランドの国花であるバラ、アザミ、シロツメクサが描かれています。3つの国が一致団結して、女性の投票権獲得に「ノー」を突きつけることを示したのです。

1909年：
ハンガー
ストライキ

20世紀初めのイギリスの刑務所は、現在に比べてずっとひどい環境でした。冬はすきま風が入って寒く、夏は蒸し暑く、一年中嫌な臭いが漂っています。ベッドは硬く木の板の上で寝ているようだし、体を洗う水は氷のように冷たく、部屋はいつも薄暗くて陰気でした。刑務所は、どんなことがあっても絶対に行きたくない場所です。

そう考えれば、数々の暴力行為を働いた過激なサフラジェットをよく思わない人でも、刑務所行きだとわかっていながら法を犯した彼女たちの大胆さと勇気を認めないわけにはいかないでしょう。

ほとんどの裁判官は罰金か刑務所行きか選択の余地を与えましたが、サフラジェットのメンバーはたいてい刑務所を選びました。

もちろん、世間は呆れ、衝撃を受けました。でも、刑務所に行くことで人びとが注目し、自分たちの主張に共感してくれると彼女たちは知っていたのです。特に、高い教育を受けた上流階級

の女性が警察にひどい目に遭わされる光景を見せることは、効果が高いと考えていました。

当時、イギリスでは囚人は3種類に分類されていました。第3類は普通の犯罪者で、ほとんどの場合「重労働」、つまり刑の一環として過酷な肉体労働が科せられます。

第2類は、第3類ほど性質（たち）が悪くないか、罰金の支払いを拒否するなどの軽い罪で投獄された囚人です。第2類の囚人は最初の4週間を独房で過ごし、誰とも話すことはできません。服役中は読書も、面会もほぼ許されませんでした。手紙のやり取りも禁じられていたので、家庭や世の中でなにが起こっているかを知ることもできませんでした。

第1類の囚人は新聞や本の持ちこみ、家族や友人や連絡を取り合うこと、数度にわたる面会が許されました。囚人服ではなく自分の服を着て、食べ物を送ってもらうこともできました。政治犯は第1類に分類されました。

服役が決まったサフラジェットは常に政治犯と同じ待遇を要求しましたが、受け入れられませんでした。彼女たちは普通の犯罪者として扱われ、ほとんどが第2類に、ときには第3類に分類されたのです。
彼女たちは白い帽子、白い矢で覆われた黒い質素な囚人服を着

せられ、黒い矢が散らばる白い綿のエプロン、赤と茶色の縞模様の、ちくちくするストッキング、そして古くてぼろぼろで、穴だらけの靴を与えられました。囚人服には大きな丸い革のラベルがつけられ、そこには監房の部屋番号が書かれていました。

手紙も訪問者も許されず、本も新聞も差し入れられません。あるのは重労働と、恐ろしく粗末な刑務所の食事だけです。

1909年にロンドンのホロウェイ刑務所で、1人の囚人が服役中でも抗議行動を続ける方法を思いつきました。それがハンガーストライキです。

囚人の名前は、マリオン・ウォレス＝ダンロップ。芸術家の彼女は、下院の壁に抗議のメッセージを彫ったゴム製スタンプを押した罪で、1カ月の実刑判決を受けていました。

刑務所に入って3日目にマリオンは食事を拒否しました。その後数日間、刑務官はごちそうを提供しましたが、彼女はいっさい手をつけませんでした。

このままでは餓死すると恐れた当局は、91時間のハンガーストライキの末にマリオンを釈放しました。
ハンガーストライキは決して楽なものではありません。空腹の苦しさと惨めさからうつ状態に

なり、腹痛、頭痛、めまい、疲労感に悩むことになります。しかし、その後何百人ものサフラジェットがマリオンの行為を真似て、刑務所でハンガーストライキを決行しました。

刑務所の責任者たちはうろたえました。ハンガーストライキで弱り果て、息絶え絶えのサフラジェットをどう扱えばいいのかわからず、予定より早く釈放するしか手立てはありませんでした。刑務官たちがこの状況を管理するのは、もう不可能になっていました。

しかし間もなく、王室からある恐ろしい提案がなされました。国王（エドワード7世）も、なぜこの女性たちに食事強制しないのかと不思議に思っていたのです。

1909年：猿ぐつわ、チューブ、漏斗

強制的に食べさせられることは拷問と同じです。エルジー・デュバルやヒュー・フランクリンなど、サフラジェットと支持者たちはその恐ろしさをよく知っていました。

囚人は看守によってベッドや椅子に拘束され、ときには縛られました。その後、口を開けるために痛みをともなう金属製の猿ぐつわを口の中に押しこまれ、ゴム製のチューブを喉に差し入れられます。それがうまくいかない場合は、チューブは喉ではなく鼻に押しこまれました。その後、牛乳と卵、パンを混ぜたねばねばの液体が漏斗（ろうと）からチューブを通して直接胃の中に注がれます。

男女を問わず、何百人ものサフラジェットとその支持者がこの拷問を受けました。経験者はみんな、鼻や喉、胸が耐えがたいほど痛み、頭や心臓は脈打ち、息が詰まるような感じがしたと話しています。抵抗するうちに液体が肺に入ってしまい、重い病気になることもありました。いずれにせよ、この食事強制を受けたほとんどの囚人はその後しばらく体調を崩しました。

特に有名なのはレディ・コンスタンス・リットンです。彼女は下院で〈女性社会政治連合〉（WSPU）の抗議活動中に逮捕され、刑務所でハンガーストライキをおこないました。ただし、労働者階級の囚人とは違ってレディ・リットンは医師の診察を受け、食事強制の拷問を受けることなく早期に釈放されています。自分が貴族

だからこうした対応を受けたと考えた彼女は髪を切り、粗末な服を着て、貧しい仕立屋に変装しました。

変装してリヴァプールの抗議活動に参加したレディ・リットンは逮捕され、刑務所に送られて再びハンガーストライキをおこないます。今回は「ただの庶民」だと思われたため医師の診察もなく、食事強制を受けました。最終的に身元がわかってすぐに釈放されましたが、彼女はこの拷問から完全に回復することはなく、それが早すぎる死につながったと考える歴史家もいます。

サフラジェットに対する食事強制は、やがて世間の非難を集めました。多くの国会議員は政府が食事強制に同意したことに不快感を示し、ある議員は「獣のような暴挙」と表現しました。また、116人の医師が食事強制に反対する請願書に署名しています。政府はどうすればいいのか途方にくれていました。当時国会で議論されていた選択肢には、ハンガーストライキをおこなう囚人を精神病院に連れて行く、国外に追放する、あるいはそのまま死ぬまで放置するというものもありました。

女性に投票権を与えることも提案されましたが、政府はこれを認めるつもりはありませんでした。こうして政府はなにも手を打たず、ハンガーストライキと食事強制は続いたのです。

1909年：勇敢なミュリエル・マターズ、空を飛ぶ

ミュリエル・マターズは実に素晴らしい人でした。女優で音楽家、後にとても優秀なジャーナリストとして活躍しています。彼女は女性の選挙権運動に注目を集める、あっと驚くような方法を思いつきました。

ミュリエルはオーストラリア人で、1905年にイギリスに移住しました。〈女性自由連盟〉に参加したのは、移住から2年後のことです。「行動と抗議活動あるのみ」を掲げていましたが、あくまでも非暴力的な方法に限られていました。

1908年10月、ミュリエルは下院の婦人傍聴席にある金属製の格子に自分の体を鎖で繋ぐという行動に出ました。格子は男性と女性の席を分離する、議会の姿勢を象徴するものだとして抗議したのです。鎖と格子はしっかり繋ぎ留められていたため、格子ごと取り外す羽目になりました。その後、鍛冶屋が呼ばれ、鎖は無事切り取られたのです。

その1年後、彼女はもっと大胆なことをやってのけます。

友人のヘンリー・スペンサーが全長25メートルの水素ガス式飛行船を建造したことを知り、ミュリエルはあるアイデアを思いつきます。1909年2月16日、この日はエドワード7世が国会開会宣言の式典で、行列の先頭を歩くことになっていました。そのとき飛行船が頭上を飛んで、国王、行列、国会議事堂、群衆の上に「女性に投票権を」と書いたビラを降らせたらどうなるでしょう？

飛行船の片側には「女性に投票権を」、もう片方には「女性自由連盟」の文字が、遠くからでもはっきり見えるよう大きく書かれました。当日、飛行船に取りつけられたゴンドラに、まずは大量のチラシとともに勇敢なミュリエルが、次にヘンリーが乗りこみます。飛行船は1000メートルの高さまで上昇しました。

ロンドンの上空は冷え切っていて、ミュリエルはせっせとチラシをまいて体を温めました。ヘンリーはゴンドラから出て、ロープやワイヤーを調整し始めました。まるで蜘蛛が巣を修復しているみたいです。途端にミュリエルは不安になりました。もしヘンリーがゴンドラから落ちたら、自分では飛行船の操縦ができないからです。でも、最悪の事態は考えないようにして、「ロンドン中にビラの道を作る」ことに専念しました。

その日は悪天候だったため、飛行船はコースを外れ、残念ながら国王の行列の上を飛ぶことはできませんでした。それでも、飛行船はロンドン郊外を1時間以上も飛行し、上空からビラをまきました……。そして、サリー州コールズドンで木にぶつかって不時着したのです。

計画通りとはいきませんでしたが、この飛行は大成功で、勇敢なミュリエル・マターズと飛行船の記事は世界中の新聞を賑わせました。

＊女性に投票権を

華やかで楽しいデモ行進

サフラジストもサフラジェットも、効果的なアピールの方法をよく心得ていました。

いわゆる「女の仕事」を学んだ歳月は無駄にはなりませんでした。彼女たちは幼い頃から身につけた技術を活かし、垂れ幕や旗に刺繍をしたり、ポスターを描いたり、バッジや宝石をデザインしたり、マフラーを編んだりしたのです。

詩を書き、演劇を上演し、華やかな行進も企画しました。すべては、過去と現在において女性が成し得た重要な功績を国民や政府に示すためです。

彼女たちは着飾ること、特に歴史上の偉大な女性に扮して楽しむこともありました。なかでも、15世紀のフランスの英雄、馬に乗ったジャンヌ・ダルクは女性の反骨精神を表すとして人気でした。小説家のシャーロット・ブロンテ、ケルト人イケニ族の女王ブーティカ、エリザベス1世の扮装は、それぞれ知恵、強さ、権力を表していました。

さまざまな階層の女性たちが一緒に行進することもありました。たとえば、看護婦、助産婦、女優、ジャーナリスト、教師などの職業の女性を称える行進は何度もおこなわれています。また、イングランド、アイルランド、スコットランド、ウェールズの女性たちが集結し、伝統的な衣装や民族衣装を身につけて数千人単位で行進したり、インドの女性たちがサリーを着て行進することもありました。

服役した経験のある女性たちはそのことを知ってほしいと思い、矢印のついたお手製の囚人服を着て、先端に矢をつけた棒を誇らしげに掲げました。

行進はいつも楽しげな雰囲気に溢れていました。マーチングバンドが陽気な曲を演奏し、女性たちも一緒に歌います。どの歌も覚えやすく、その場で聞いた見物人たちもよく口ずさんでいました。

こうしたショーのような行進は、かなり人目を引く光景でした。すべては女性の選挙権獲得を目指し、世間の注目を集めるためです。

さて、肝心の政府は彼女たちの声を聞いていたでしょうか?

1909年：ビングリー・ホールの騒動

サフラジェットが自分たちの信念を広く伝える良い方法の1つは、市民の前で演説中の政治家に野次を飛ばすことでした。

この「女性らしくない」妨害行為によって、彼女たちは政治集会への出入りを禁じられます。そこで、抗議活動を続けるための風変わりで独創的な、そしてときには突拍子もない方法がいくつも考え出されました。たとえば、政治集会が予定されている建物にこっそり入りこんで、何時間もオルガンのパイプの後ろに隠れたり、演台の下にうずくまったりすることもよくありました。こうして集会が最高潮に達するまで待ち、ここぞというタイミングで飛び出すのです。

体にロープを巻きつけ、天窓から吊り下ろされて会場に現れたり、政治集会の会場近くの建物の屋根に上がり、会場の窓めがけて物を投げつけたりすることもありました。

ハーバート・ヘンリー・アスキス首相は格好の標的にされ、何度もサフラジェットの嫌がらせを受けています。1909年9月17日、アスキスはバーミンガムのビングリー・ホールで演説をしていました。警官が建物を取り囲み、女性が入場しないように見張っています。

メアリー・リーと8人のサフラジェットのメンバーは斧を持って、向かいの建物の屋根に上がり、屋根材をはぎ取り、下にいる警官たちに投げつけたのです。警官も反撃に出ました。レンガや石を彼女たちに投げ返し、その後、屋根にしがみついて首相と話をさせろと要求するサフラジェットにホースで放水したのです。最終的に、3人の警官がどうにか屋根に上り、彼女たちを逮捕しました。

メアリーは投獄されて4カ月間の重労働の刑を科せられ、刑期中は肉体労働を強いられました。

メアリーが刑務所に入ったのは、これが初めてではありません。1908年には抗議活動で何度も逮捕され、合計6カ月以上も服役しています。熱心なサフラジェットだった彼女は、食事強制の拷問を受けた末に釈放された後も怯むことなく活動を続けました。メアリーの抗議活動の内容はさまざまでした。また、彼女は〈女性社会政治連合〉（WSPU）の鼓笛隊の楽隊長でもあり、デモ行進などの際にはよく演奏が披露されました。

色とりどりの抗議

行進や抗議活動をする当時のサフラジストの写真はモノクロの世界ですが、実際にはさまざまな色で溢れていたことでしょう。

すべての女性参政権団体は垂れ幕や旗を作り、それぞれのイメージカラーを用いていました。その色になんらかの意味がこめられている場合もありました。

もっとも有名なイメージカラーは〈女性社会政治連合〉（WSPU）の緑・白・紫です。この3色にこめられた意味から逸話が生まれました。緑（Green）のG、白（White）のW、ヴァイオレット（Violet）のVをつなげるとGWV——つまり、「Give Women Votes（女性に投票権を）」となります。この3色がイメージカラーに決まったのは違う理由からですが、なかなかおもしろい逸話です。

この3色に意味があったのは、事実です。緑は「希望」、白は「純潔」、紫は「尊厳」を表していました。この3色を選んだのはエメリン・ペシック＝ローレン

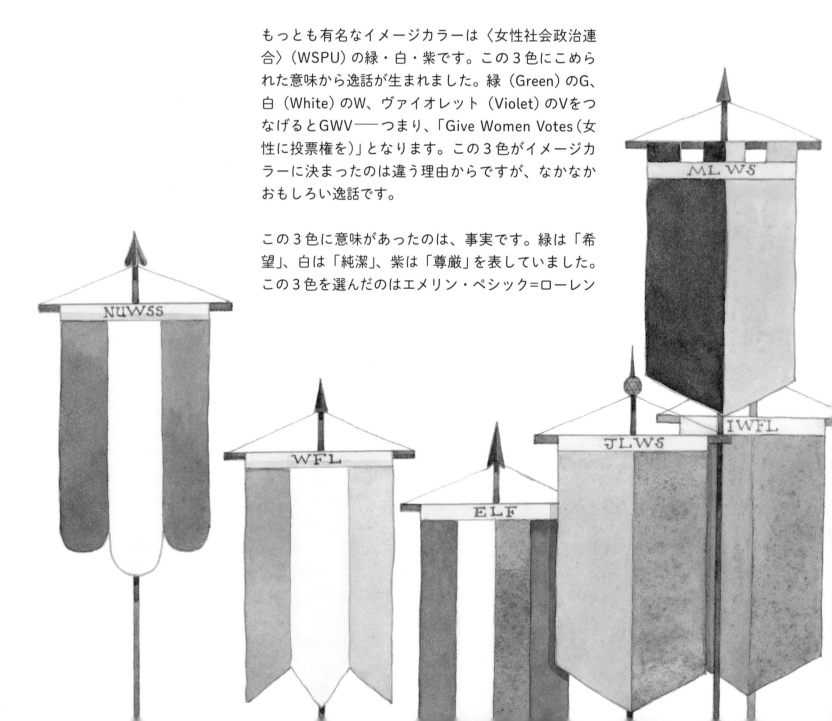

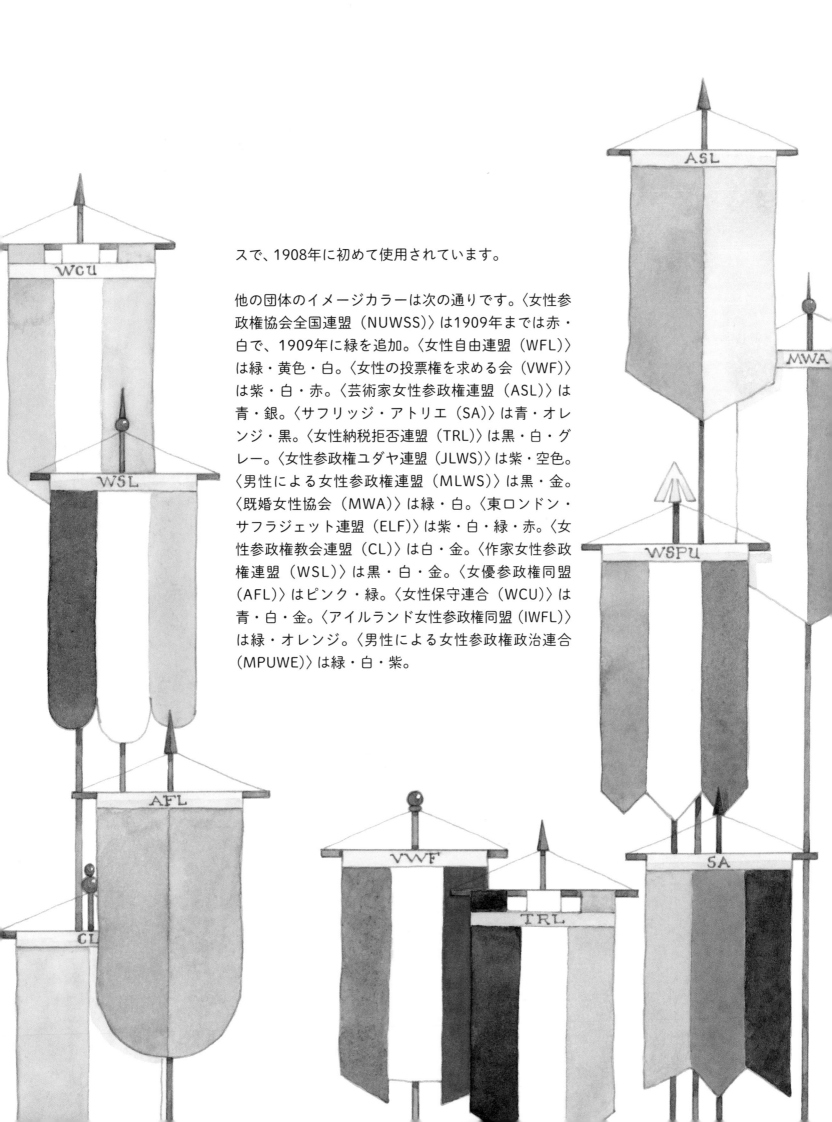

スで、1908年に初めて使用されています。

他の団体のイメージカラーは次の通りです。〈女性参政権協会全国連盟（NUWSS）〉は1909年までは赤・白で、1909年に緑を追加。〈女性自由連盟（WFL）〉は緑・黄色・白。〈女性の投票権を求める会（VWF）〉は紫・白・赤。〈芸術家女性参政権連盟（ASL）〉は青・銀。〈サフリッジ・アトリエ（SA）〉は青・オレンジ・黒。〈女性納税拒否連盟（TRL）〉は黒・白・グレー。〈女性参政権ユダヤ連盟（JLWS）〉は紫・空色。〈男性による女性参政権連盟（MLWS）〉は黒・金。〈既婚女性協会（MWA）〉は緑・白。〈東ロンドン・サフラジェット連盟（ELF）〉は紫・白・緑・赤。〈女性参政権教会連盟（CL）〉は白・金。〈作家女性参政権連盟（WSL）〉は黒・白・金。〈女優参政権同盟（AFL）〉はピンク・緑。〈女性保守連合（WCU）〉は青・白・金。〈アイルランド女性参政権同盟（IWFL）〉は緑・オレンジ。〈男性による女性参政権政治連合（MPUWE）〉は緑・白・紫。

1910〜1912年：「法案を、すべての法案を、そして法案のみを」*

女性に投票権を認める「法案」は1900年から毎年提出され、国会で読み上げられていました。

法案とは、新しい法律の制定や今ある法律の変更を目的として作成されるもので、国会議員が議会で提案し、議論することになっています。その後、議員はその法案がいいと思うかどうかを考え、投票をおこないます。可決されれば「議会制定法」と呼ばれる新たな法律として決定し、否決されればその法案は却下となります。

当初、議会は女性に投票権を認めるなど論外だと考え、この法案は嘲笑とともに却下されるか、「引き延ばし」されました。「引き延ばし」は、議員が無関係の議題を延々と議論する戦術です。たとえば、1904年の議会では、当時発明されて間もなかった自動車のテールランプの効果について議論がされました。「引き延ばし」をすることで議会はやがて閉会時間を迎え、議員たちは女性の投票権について議論することもなく、もちろん、法案が可決されることもありませんでした。

1910年に「調停法案」が起案されました。調停法案の目的は、女性の投票権について妥協点を見つけ、女性投票権を重要な問題だと考える人びととの間で「調停」をおこなって事態を丸く収めることでした。

この調停法案の骨子は、すべての女性ではなく、富裕層の教養ある女性にだけ投票権を認めるという妥協案でした。女性の投票権を支持する国会議員たちは、これが今実現できる最善の策だと考え、賛成票を投じることにしました。

でも、一部の議員はすべての女性、特に労働者階級の女性に投票権を認めない法案に賛成するのは良心が許さないと考えて、反対票を投じました。また、投票権を得る100万人の富裕層の女性が全員保守党に投票し、その結果、自分たちが議会で議席を失うのではないかと考えて、反対票を投じた政党もあります。アイルランド出身の多くの国会議員は、国会ではアイルランドが抱えている問題のほうに力を入れてほしいと考えて反対票を投じました。

なかでも、この法案の成立を阻んだ最大の原因は、またしてもアスキス首相でした。1910年、11年、12年と調停法案は3度会議にかけられましたが、いずれも可決には至りませんでした。特に、1910年の最初の調停法案が否決されたことは、大きな痛手でした。

*法廷証言での宣誓「真実を、すべての真実を、そして真実のみを話すと誓います」をもじった言葉

1910年：ブラック・フライデー

1910年初めには期待が高まっていました。政府は聴く耳を持ち、一部という条件つきにせよ、ついに女性に投票権が認められるかに思えたのです。

調停法案は作成されました。議員の過半数がこの法案を承認すれば法律が改正され、土地家屋を所有する100万人以上の裕福な女性が投票権を得ることになります。もちろん完璧とは言えません。すべての労働者階級の女性と多くの中産階級の女性は、対象外のままでした。でも、ミリセント・フォーセットもエメリン・パンクハーストも、進展がないよりずっとましだし、これですべての女性が投票権を得るという未来に続く道に一歩踏み出すことになると考えました。

〈女性社会政治連合〉（WSPU）と政府の間で休戦が提案され、すべての過激な活動は中断しました。女性が投票権を得るための長く苦しい戦いが、もうすぐ終わるのです。抗議活動や刑務所、ハンガーストライキ、食事強制ともお別れです。約束が交わされ、勝利は手の届くところまで来ていました。そして最後の瞬間、アスキス首相は調停法案を却下したのです。女性の選挙権運動家たちは、なにも得ることなく、またもとの場所に逆戻りしました。

運動家たちはみな腹を立て、とりわけサフラジェットの怒りは凄まじいものでした。首相に裏切られたと感じた彼女たちは、1910年11月18日金曜日に国会議事堂までデモ行進をおこない、首相との直接対話を求めることを決定しました。

全員で行進すれば、すぐに逮捕されてしまいます。彼女たちは当局の妨害を避けるため、小人数に分かれて移動しました。抗議活動の計画は誰もが知っていましたが、数人の女性が連れ立って歩いているだけでは当局も手が出せません。

ロンドンのキャクストン・ホールに集まった300人のサフラジェットは、12人ずつのグループに分かれ、5分ごとに出発して国会までの短いデモ行進をおこないました。先頭のグループのメンバーはエメリン・パンクハーストを筆頭に、ソフィア・ドゥリープ・シング王女、エリザベス・ギャレット・アンダーソン（イギリス初の女性医師で、当時74歳でした）、その娘のルイーズ・ギャレット・アンダーソン（同じく医師）、ハータ・エアトン（エンジニア、数学者、物理学者）、ドリンダ・ネリガン（学校長）、ジョージナ・ソロモン（人種と宗教の平等を訴えた運動家）です。その後をエヴェリナ・ヘイバーフィールドが馬に乗って続き、エメリンのグループを護衛していました。

当時、ウィンストン・チャーチルは法と秩序を守る内務大臣でした。彼がもっとも避けたかったのは大勢のサフラジェットが刑務所行きになってハンガーストライキを決行し、その結果政府を批判する声が高まることです。そこで、チャーチルは抗議活動を見越して警察に指示を出しました。その指示とは、サフラジェットを国会や首相から遠ざけ、ただし逮捕はしないようにというものです（チャーチルは後にこれを否定しました）。

この指示が大きな災いを招くことになります。当日の金曜日、なにが起こるのか興味津々の人びとが、国会議事堂のあるウェストミンスターに集まっていました。国会議事堂広場に近づくにつれ、パンクハースト夫人率いる先頭グループは群衆の波にもまれ、小突かれましたが、その中を押し分けて進み、ようやく下院議会が開かれるセント・スティーブンス・ホールの入り口にたどり着きます。でも、彼女たちがアスキス首相との対話を要求したとき、その背後では警官や群衆たちの妨害や嫌がらせが始まっていました。

後に続くサフラジェットたちは大勢の警官（5000人とも言われています）に阻まれ、必死に進もうとしたものの先頭グループに追いつくことはできませんでした。

その背後で、群衆がサフラジェットを侮辱する罵声を浴びせていました。なかには「法案を、すべての法案を、そして法案のみを」と書かれた垂れ幕を彼女たちからひったくって引き裂き、あざ笑ったり冗談を言い合ったりする者もいました。

後続のサフラジェットをパンクハースト夫人のグループに合流させてはならないと判断した警察は、騒ぎ立てる酔っぱらいを取り締まるときと同じやり方で、国会議事堂広場に続々と集まるメンバーを阻止しようとしました。

女性たちはぬいぐるみのようにもみくちゃにされました。複数の警官の間を何度も乱暴に突き飛ばされ、素手やもので殴られ、蹴られました。体を抱えられて周囲の男たちのなかに放りこまれたり、地面に叩きつけられたり、路地に引きずられて暴力を振るわれたりしたメンバーもいます。

パンクハースト夫人たち先頭グループの面々は（ほとんどが高齢者でした）、その光景を見て恐怖を覚え、暴力を止めてと叫ぶしかありませんでした。でも、この騒ぎは6時間も続いたのです。

馬に踏みつけられたり、走っている車の前に突き飛ばされたりという混乱のなか、サフラジェットたちは警官のヘルメットを叩き落とすなど抵抗を試みています。馬に乗ったエヴェリナ・ヘイバーフィールドは全速力でその争いに突入し、鞭で警官の顔を打った後、馬から引きずり下ろされました。

ソフィア王女は、警官が1人の女性の腰をつかみ、ふらふらになって抵抗できなくなるまで何度も地面に叩きつけるという信じられない光景を目にしました。彼女はその女性を助けようと駆け寄り、通報するから識別番号を教えろと警官に迫ります。実際に通報したものの、暴力行為をおこなった警官は誰ひとりとして告発されることはありませんでした。やがて、警官たちはサフラジェットを次々と逮捕し始め、100人以上の女性と4人の男性がボウ・ストリートにある警察署に連行されます。そして、翌日には全員が無罪放免になっています。

1910年11月18日のこの出来事は、政府にとって大きな打撃となりました。世間はウィンストン・チャーチルを非難し、その後の数日間で100人以上の女性が正式に苦情を申し立てました。彼女たちは、腕をひねられ、親指を逆向きに曲げられ、首や顔を殴られて大怪我を負ったと証言し、なかにはスカートを頭の上までたくし上げられたという証言もありました。この極めて屈辱的な行為に、彼女たちは強いショックを受けたに違いありません。

後に、サフラジェットがこの日に受けたひどい暴力は、1912年からの抗議活動が過激さを増したことを正当化する理由としてよく使われるようになります。この事件は世間の注目を「女性の投票権」に向ける上で、物品を対象とした破壊活動と同じくらいの効果を生みました。

各紙もサフラジェットに味方し、『デイリー・ミラー』紙はメンバーのエイダ・ライトが地面に倒れている写真を第一面に掲載しました。慌てた政府はその写真の掲載を阻止しようとしましたが、間に合いませんでした。この「ブラック・フライデー」事件は広く知られるようになり、やがて世界中へと伝わりました。サフラジェットの抗議活動を鎮圧しようとした政府の対応は、正反対の結果を生むことになったのです。

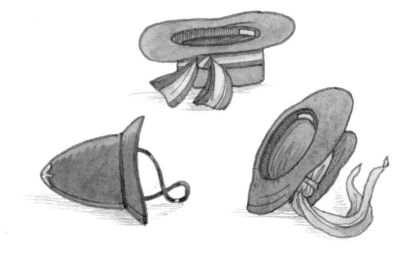

1910年：サフラジュツ

①   ②   ③

イーディス・ガラッドは身長約150センチと小柄でしたが、警官を難なく投げ飛ばすことができました。昔ながらの武術、柔術を学んでいたからです。

もちろん、サフラジェットは目についた警官を手当たり次第に投げ飛ばしていたわけではありません。でも、警官に乱暴に小突き回され、挙句の果てに殴られた「ブラック・フライデー」事件の後、多くのサフラジェットは自分の身を守る術を学ぶべきだと考えたのです。

日本の古武道をもとにした柔術は、攻撃ではなく護身を重視するという点で彼女たちにぴったりでした。柔術ではまず敵のバランスを崩し、それから相手の体重を利用して突き飛ばしたり投げ飛ばしたりして倒します。この科学的理論に基づく武道、つまり柔術を学ぶことで、女性でも自分より体が大きく力の強い男性の攻撃をかわすことができるのです。

当時はなんでも日本のものがブームでした。イーディス・ガラッドと夫のウィリアムが柔術を習っていたのは、イギリスに2人の日本の柔術家を招いたバートン・ライトという人物です。その後、夫妻はロンドンで武術教室を開き、イーディスは女性や子どもに護身術を教えていました。

やがて、サフラジェットがこの教室に通うようになりました。当初学んでいたのは、彼女たちに腹を立てて演説や集会を邪魔したり騒ぎを起こしたりする聴衆を撃退する方法ですが、散々な目に遭った「ブラック・フラ

④ ⑤ ⑥

イデー」以降、イーディスはサフラジェットのための特別授業をおこなうようになります。

イーディスは、機関紙『サフラジェット』に柔術の写真や技を図解で説明する記事を定期的に投稿し、「腕やひじ、膝の関節を本来とは逆の方向にひねるのです」と書きました。なんとも痛そうです！

この時代、なんらかの運動をしているだけで、女性は多くの人の興味をそそりました。大きな帽子と長いスカートを身につけて警官を投げ飛ばす小柄な女性は、なおさら大きな話題を呼んだのです。イーディスは有名になり、彼女が体格のいい悪者を撃退したり、警官を鉄柵の向こうに投げ飛ばしたりして、それを周囲の人びとが震えながら見ている漫画も描かれました。イーディスに

ついてこんな詩も作られています。

　女たちは柔術を習い
　警官を思いきり投げ飛ばす
　だから柔術をたしなむ女性と
　出会った男はいい子にすること
　──それが無理なら、
　「その場を立ち去れ」

やがて、新聞記者たちは「柔術サフラジェット」や「サフラジュツ」という造語を使うようになりました。

少しこっけいに聞こえるかもしれませんが、柔術はサフラジェットの決意と覚悟を示すものだったのです。

1911年：
掃除用具入れのサフラジェット

エミリー・ワイルディング・デイヴィソンは聡明な女性でした。彼女は、女性が投票権を得るまでは政府が作った規則は破ると決めていて、実際に規則を破るのがとても得意でした。

1911年は、「国勢調査」が実施された年です。国勢調査は、政府が国内の人口と、どこに何人住んでいるかを確認するための調査です。調査は国民全員を対象に1841年から10年ごとにおこなわれ、世帯主は国勢調査がおこなわれる日の夜、家にいる家族とその家を訪れている人すべての名前を書く必要がありました。

このようにして政府は国の人口を把握し、医療や教育などに関する決定を下すときの参考にします。国勢調査票への記入を拒否したり、必要事項を書く代わりに「女性に投票権を！」「女性の権利を無視するのなら、人口にも含まなければいい」などと書いたりするのは法律違反です。そして、1911年に数人のサフラジェットがこの違反行為をおこないました。これはとても勇気がいることです。下手をしたら罰金や刑務所行きになるかもしれないのですから。

別の方法で市民的不服従の行為をしたサフラジェットもいます。国中のあちこちで、多くのサフラジェットが国勢調査当日の夜に家を空け、一晩中街を歩き回りました。ウィンブルドン・コモンという公園でキャンプをした人もいれば、こうした女性たちを支援して特別に開催された徹夜のコンサートに参加した人もいます。多くはトラファルガー広場を歩き回り、夜通し営業しているレストランに立ち寄ってお茶を飲み、疲れを癒しました。一部のサフラジェットは自宅を「国勢調査を拒否するための場所」だと言い張り、調査票になにも記入しませんでした。仲間を招いて一晩家に泊め、なかには25人以上もの女性を集めたサフラジェットもいます。ある忍

耐強いサフラジェットのメンバーは、コートを着て庭の小屋で一晩中過ごしました。

彼女たちの目的は、政府が国民の情報を得るこの制度をわざと混乱させることでした。

エミリー・ワイルディング・デイヴィソンは、もっと素晴らしいことを思いつきます。それは、ウェストミンスター宮殿（国会議事堂のある建物）の礼拝堂にある掃除用具入れの中に隠れることでした。

彼女は実際にやってのけました。干し肉とライムジュースだけを持って、朝までずっと隠れていたのです。

1911年4月2日の夜をその掃除用具入れの中で過ごしたことで、彼女は国勢調査票に自分の居住地を国会議事堂だと正式に書くことができました。その年の国勢調査には、「エミリー・ワイルディング・デヴィッドソン」（彼女の名字は間違って記載されています）は「ウェストミンスターの地下聖堂に隠れているところを発見された」と記されています。

なんと素晴らしい発想でしょう。当時、女性は投票することも国会議員になることも許されていませんでしたが、エミリーはこの行動によって自分の名前と国会議事堂が永遠に結びつくとわかっていたのです。

でも、エミリー・ワイルディング・デイヴィソンという名前はその2年後、サフラジェットが新たな抗議活動の手段を模索していた時期に起こった悲劇的な事件によって、人びとの記憶により強く刻まれることになります。

1911年：酸とインクと火炎爆弾

1911年、女性の投票権を求める運動家たちはもう我慢の限界でした。自分たちの主張が、政府からも世間からも無視されていると感じていたのです。もっと極端な行動に出る必要がありました。

自分たちでなんとかするしかないと決心した〈女性社会政治連合〉（WSPU）の一部のメンバーは、イギリス中で行動を起こします。それは、郵便ポストを襲うというものでした。

郵便ポストは人目を引く標的でした。1900年代初めには、コンピュータもインターネットもありません。電話を持っている人もほとんどおらず、もちろん携帯電話もありませんでした。人と連絡を取る唯一の方法は、手紙です。ロイヤルメール*は日常生活に欠かせない貴重な制度で、人びとに頼りにされていました。届いた手紙に当日返事を書いて投函すると、その日のうちに相手に届くこともあったと言われています。サフラジェットには手紙に損害を与える明確な目的がありました。郵便ポストを破壊することで国民と政府を目覚めさせ、女性の投票権という問題を真剣に考えさせようという思いから計画された行動でした。

郵便ポストへの攻撃手段には放火もありましたが、多くの場合ポストの中にインクや酸を注いで手紙をだめにする方法が採られました。郵便ポストが初めて放火されたのは1911年12月で、エミリー・ワイルディング・デイヴィソンが3つの郵便ポストに火をつけたのです。他のメンバーも彼女に続きました。ウェールズのニューポート支部のメンバーで、〈ウェールズのブーティカ〉と呼ばれていたマーガレット・ヘイグ・トーマス（後の第2代ロンダ子爵夫人）は、自家製爆弾で郵便ポストを破壊しようとして逮捕されました。ローザ・メイ・ビリングハーストも同じ罪で捕まっています。ローザは車いすで生活していましたが、それが過激な活動の妨げになることはありませんでした。彼女の車いすは〈女性社会政治連合〉のイメージカラーで彩られ、「女性に投票権を」と書かれた垂れ幕やリボンが飾られていました。彼女の逮捕は数回に及んでいます。

エミリー、マーガレット、ローザは全員刑務所に送られ、ハンガーストライキを実行しています。多くの市民は大切な郵便ポストを破壊した彼女たちに激怒し、サフラジェットを過激派の危険グループだと考え、「閉じこめて世間から隔離する」警察の対応を支持しました。

当初〈女性社会政治連合〉のリーダーたちは、メンバーが個々におこなっているこの破壊活動に賛同していると思われたくないと考えていましたが、間もなくエメリン・パンクハーストはこうした行為を容認することになります。1912年、彼女はロンドンのロイヤル・アルバート・ホールで大規模な演説をおこない、支持者たちに「自分なりのやり方で過激な活動をする」ことや、政府が女性に投票権を与えるために自分たちができることはなんでもするようにと強く促しました。郵便ポストへの攻撃はほんの始まりに過ぎず、その後サフラジェットは物品を対象にした破壊行為をくり返すことになります。

*当時、イギリス政府が管轄していた郵便サービス

1912年：さらなる攻撃

1912年、〈女性社会政治連合〉（WSPU）のリーダーたちは窓ガラス破りを正式な抗議活動として承認しました。

その4年前の1908年、メアリー・リーとエディス・ニューがダウニング街にある首相官邸の窓を割ったのは個人による攻撃でした。1912年には窓ガラス破りは正式な抗議活動として組織化され、できるだけ多くの被害と混乱を引き起こすように計画した上で実行されるようになります。

1911年、国会議員は100万人以上の女性に投票権を認める「第2回調停法案」に賛成票を投じました。ところがアスキス首相が再び横やりを入れ、これを「成年男子選挙権」を認める法案に変更します。これは、今まで投票権がなかった労働者階級の何百万人という男性にその権利を与える法案でした。サフラジェットは女性の投票権が法案から削除されたことに怒り、11月21日に大規模な窓ガラス破りの攻撃を計画します。

それまでにも、政府関連の建物の窓ガラスが割れる音はロンドンのあちこちで響いていましたが、このときは店やホテル、新聞社、紳士クラブなども攻撃の対象となりました。200人以上の女性と3人の男性が逮捕されて刑務所に送られ、数百ポンドの被害が報告されました。

多くのサフラジェットのグループは、窓ガラス破りに反対で、世間の支持を失いかねないと〈女性社会政治連

合〉を脱退し、ほかの平和的な団体に鞍替えしていきます。エメリン・パンクハーストは意にも介さず、「窓ガラス破りは政治情勢に対する不満を示す伝統的な手法」だと言い切りました。

1912年3月1日の午後5時30分、エレガントな装いの女性たちが台所で使う小さなハンマーをマフ*やハンドバッグから平然と取り出し、ロンドンの商店街の窓ガラスを次々と叩き割っていきました。オックスフォード・ストリート、リージェント・ストリート、ストランドのいたるところで金属がガラスにぶつかる音が響き渡り、買い物客や店主の怒号が飛び交いました。

〈女性社会政治連合〉のメンバーは窓ガラス破りで決して誰も怪我をしてはならないと考え、自分や通行人に破片が降りかからないよう、ガラスの割り方の指導を受けました。

この日はエメリン・パンクハーストと友人のエセル・スミスも参加し、2人を含む126人の女性が逮捕されました。割れたガラスの損害は5000ポンド以上（現在の約40万ポンド、5200万円）になり、その後数日間、ロンドンでもっとも高級な店のいくつかは窓に板を打ちつけました。小さな店でも、窓を割らないでくれとサフラジェットに頼む看板を窓につけました。またしてもサフラジェットは世間をうんざりさせましたが、エメリンやエセルを初めとしたメンバーは戦いを止めようとはしませんでした。

*毛や織物でできた円筒形の防寒具

1912年：歌え、高らかに きみの歌を

エセル・スマイスはゴルフが大好きで、ツイードのスーツとドレス、今にも落ちそうな帽子といういで立ちでゴルフをしていたそうです。でも、彼女が生涯でもっとも情熱を注いだのは音楽でした。

エセルにとってはリズム、音楽が持つ力、音符たちの会話——とにかく音楽がすべてでした。父親には作曲家になることを反対されましたが、思い留まるどころかますます決意を固くします。そして熱心に音楽を学び、多くのオペラやさまざまなジャンルの音楽を作曲して世界的に有名になりました。

1910年、エセルはエメリン・パンクハーストに出会い、強い敬意の念を抱きます。そして、女性の投票権獲得に向けたエメリンの熱意に刺激を受け、丸2年間音楽活動を止めて〈女性社会政治連合〉（WSPU）の活動に専念すると申し出ました。その後すぐに同会に入会し、やがてその才能を活かして

ある曲を作りました。これが後に〈女性社会政治連合〉の賛歌となった『女性たちの行進』です。

声を合わせて歌う、という行為には特別なものがあります。大声で合唱することで不思議な感覚が生まれ、一体感が増すのです。今でもサッカーの試合や教会でみんな一緒に歌うのも、同じ理由からでしょう。たとえ上手でなくても、みんなと声を合わせれば音楽を楽しむこ

とができます。

サフラジェットも合唱が大好きでした。女性の投票権を得るためにみんなでたたかっているという団結力を感じることができたからです。なかでも、『女性たちの行進』は自分たちを誇らしく思える最高の曲でした。シスリー・ハミルトンが書いた歌詞には恐れを知らぬ強さ、勇気と栄光を感じさせるような、気持ちを高めて元気になる言葉が散りばめられています。

1912年、エセルはエメリンに後押しされ、女性の投票権獲得に反対する大物政治家が住む家の窓に石を投げてすぐに逮捕されました。彼女はホロウェイ刑務所で2カ月の刑期を言いわたされます。彼女に面会に来たある友人は、ほかのサフラジェットの囚人たちが自らの「宣戦布告」の歌、つまり『女たちの行進』を力いっぱい歌いながら刑務所の中庭を練り歩いているのを見たと話しています。

翌年、エセルは耳が聞こえなくなり、作曲ができなくなりました。その代わりに本を書くようになりましたが、1922年に女性作曲家として初めて国からデイムの称号＊を与えられ、世間は彼女の音楽活動の功績を再認識したのです。

＊大きな功績を残し叙勲を受けた女性に与えられる敬称

『女たちの行進』

女性社会政治連合（WSPU）に捧ぐ

価格：1ペニー

エセル・スマイス音楽学博士

(Band)

1. Shout, shout,

up with your song! Cry with the wind, for the dawn is break - ing.

March, march, swing you a — long, Wide blows our ban - ner and

hope is wak - ing. Song with its sto - ry, dreams with their glo - ry,

Lo! They call and glad is their word. For - ward!

Hark how it swells, Thun - der of free - dom, the voice of the Lord!

1.

歌え、高らかに　きみたちの歌を！
風とともに叫べ、夜はもうすぐ明けるから
進め、進め、体を大きく左右に揺すりながら　われらの旗は大きく翻り、
希望が目を覚ます　物語のある歌、輝く夢の数々
見よ！　夢はわれらを呼び、喜ばしい言葉を告げる！　高らかに歌えば
夢も大きく膨らむ　自由を告げる雷鳴、それは主の御声！

2.

長く、遠かった　われらの過ぎし日
天界の光に　ひたすら怯え
だが、ついに　雄々しく立ち上がった
信念と　新たに広がる世界が　われらの支え
美を秘めた強さ、使命を得た人生（声を聴け　そして従え！）
さあ、みな　ともに集え！　われらの光に　目を向けよ

3.

勇気ある同志たちは
苦しみと悲しみに満ちた戦いの先陣を切った！
侮辱も　拒絶も　ものともせず
さらに広がる明日へと顔を上げる　荒れ果てた道、憂うつな日々
信念によって　苦難と痛みに耐えてきた
幸あれ　勝利者たちよ　きみたちは立っている　勇者の花冠を身につけて！

4.

人生、戦い――この2つはともにある
信念と勇気なしには　勝ち目はない
きみたちには　その2つがあった
でも、今は備えるとき
信頼で結ばれ　逆境を笑い飛ばす
（そして最後には　希望に満ちて笑うだろう）
進め、進め、大勢で　肩を寄せ合い　仲間と連れ立って

1913年：猫とねずみの戦い

食事強制は国民や政治家にひんしゅくを買っただけで、あまり効果がありませんでした。

サフラジェットと男性の支持者は団結してたたかうという決意をいっそう強め、服役するとすぐにハンガーストライキをおこなうようになりました。もしサフラジェットが服役中に命を落とせば国民から強い反発を受けると恐れた政府は、卑劣な戦術を思いつきます。1913年4月、新しい法律「健康悪化による囚人の一時釈放法」が短期間で可決されました。

この法律では、囚人はハンガーストライキや、水を拒否することさえ許され、体が衰弱すると釈放されます。自宅に帰ることも、別の場所に身を隠すことも許容され、2週間かそれ以上の釈放が許されました。

普通に食事をとるようになり、やがて体調や体力が回復すれば、再び刑務所に戻って刑期を終えなければなりません。でも、もちろん自分から刑務所に戻った者はいませんでした。釈放されたサフラジェットは、刑務所に戻らないためにできることはすべてやりました。行方をくらます者もいれば、イギリスを出た者もいます。

警察は釈放された囚人の行動をすべて監視し、健康が回復したとみるとすぐさま囚人のもとに向かって再逮捕

エルジー・デュバル

ヒュー・フランクリン

しようと待ち構えていました。

なんとも気の長い、そして囚人の神経をすり減らす法律です。数カ月のはずの判決は1年以上に及ぶこともありました。囚人は絶えず刑務所を出入りすることになり、心身ともに健康を害していきます。

この法律は俗に「猫とねずみ法」と呼ばれるようになりました。政府は獲物をもてあそぶ猫のようなものです。ねずみ、つまりサフラジェットを罠にかけ、いったん解放した後で何度も攻撃を加えるのです。かわいそうなねずみはやがて弱り、反撃する力もなくなるでしょう。

〈女性社会政治連合〉(WSPU)は、牙を血で染めた邪悪な猫のイラストを描いたポスターを作りました。その口にはイメージカラーである紫・緑・白の垂れ幕を体に巻きつけ、ぐったりとしたサフラジェット（ねずみ）をくわえています。とても説得力のある、そして気味の悪いポスターでした。

この法律が施行されて初めて釈放された囚人は、正式にはサフラジェットではなく、支持者のヒュー・フランクリンという男性でした。

Prisoners (Temporary Discharge for Ill-health) Act, 1913　*1

AN ACT　*2

TO

Provide for the Temporary Discharge of Prisoners　*3
whose further detention in prison is undesirable
on account of the condition of their Health.

25th April 1913

*1　囚人（健康悪化による囚人の一時釈放法）1913年
*2　法令
*3　健康に問題が生じ、拘留の継続が難しいと判断された場合、この法令に基づき囚人を一時釈放するものとする。
1913年4月25日

ヒューはとても裕福な家庭に育ちました。ケンブリッジ大学で工学を勉強していましたが、1909年に大学でパンクハースト夫人、ペシック=ローレンス夫人、クリスタベル・パンクハーストの演説を聞いて、工学の勉強を止めることにしました。

以前からヒューは男女同権を強く支持していましたが、この3人の「兵士」と出会ったことで、彼女たちとともに市民的不服従の活動をおこなうことに人生のすべてを捧げようと決めたのです。

男性であるヒューは〈女性社会政治連合〉に入会できず、〈男性による女性参政権政治連合〉と〈男性による女性参政権連盟〉に参加しました。また、〈女性参政権ユダヤ連盟〉設立にも貢献しています。

彼はブラック・フライデーで逮捕された男性4人のうちの1人ですが、その時は刑務所行きを免れました。彼はこの日におこなわれたサフラジェットへの暴力や虐待はすべてウィンストン・チャーチルに責任があると非難し、後日、鞭でチャーチルを襲おうとしました。このときは刑務所に送られています。

ヒューは女性の投票権を求める活動で、合計3度服役しました。2度目はチャーチルの家に投石した罪、3度目はハーロウ駅で鉄道車両に放火した罪です。

3度目のときは9カ月間服役し、ハンガーストライキをおこなっています。ヒューは100回以上食事強制を受け、その後「猫とねずみ法」によって釈放されました。

ヒューに続いて「猫とねずみ法」により釈放されたのは、彼の恋人エリス（エルジー）・デュバルです。熱心なサフラジストの家庭に育ったエリスは、夜間、町をうろついた罪で服役しました*。彼女はハンガーストライキの末9度の食事強制を受け、健康を害した後で釈放されました。エリスとヒューは再逮捕を逃れてベルギーに逃亡し、1年以上イギリスに戻りませんでした。

このように「猫とねずみ法」はとても残酷な法律でしたが、それでも女性の選挙権運動を止めることはできませんでした。

*当時は浮浪者の夜間徘徊が社会問題になり、夜中に出歩いていると警官の取り締まりを受けることもあった

1913年：記念塔での立てこもり事件

サフラジェットは政府の無慈悲な戦術に屈することなく、世間の注目を自分たちの戦いに集めるために、より画期的な方法を次々に考え出しました。

彼女たちは密かに行動してしょっちゅう警察を出し抜き、大規模な催しや名所を標的とした攻撃も成功させています。

1913年4月18日金曜日の朝、エセル・スパークとガートルード・ショーはロンドン大火記念塔に上がるチケットを買いました。この塔は、1666年にロンドンで起こった大火事からの復興を記念して建てられたものです。

彼女たちは311段の階段を上り、展望台の案内係の男性2人と世間話を楽しみました。

案内係が油断したところで、2人は彼らを事務所に閉じこめました。そして展望台に続くドアを急いで閉めると、服の下に隠していた2本の鉄の棒でしっかりと錠をかけたのです。

次に、「死か勝利か」と大きな文字で書かれた垂れ幕を鉄柵から下ろし、同時に紫・緑・白の旗を風になびかせました。

なにが起こったのかと下の通りに大勢の見物人が集まるのを見計らって、2人は「女性に投票権を」と書いた何百枚ものチラシをまきました。

やがて警官が到着しましたが、ドアを壊すには大きなハンマーが必要です。かなりの時間をかけてドアは壊され、2人は捕まりました。

エセルとガートルードは、ボウ・ストリート裁判所に連行されましたが、すぐに無罪放免となりました。判事はきっと、このはた迷惑な女性たちを刑務所に入れてもなんの解決にもならず、ハンガーストライキでもされたらかえって面倒だと考えたのでしょう。

〈女性社会政治連合〉（WSPU）の活動を世に知らしめるこの演出は功を奏し、メンバーは世間を騒がせたことに満足しました。機関紙『ヴォーツ・フォー・ウィメン』はこの事件を「これで、女性の豊かな創造力を示す勝利のリストがまた長くなった」と得意げに報告しています。

でも、〈女性参政権協会全国連盟〉（NUWSS）のメンバーは〈女性社会政治連合〉の行動にいら立っていました。少数の過激な活動家が引き起こす暴力や破壊行為は世間や政府を怒らせるだけで、投票権獲得の目的を果たす助けにはならないと考えていたからです。

男女を問わず、女性の投票権獲得を目指す運動家のほとんどは法律の範囲内で活動していました。でも、世間の注目を集めるのは法律違反を繰り返す人びとです。

政治に参加する権利を求める女性みんなが窓を割り、ポストを爆破し、案内係を閉じこめるわけではありません。そのことをイギリス中に示すためには、なにか大きなことをする必要があります。

一部のサフラジストは、投票権を得るために役立つのは結局「行動」よりも「言葉」だと信じていました。

1913年：信念に従って歩み続ける

偶然にも、〈女性社会政治連合〉(WSPU)が記念塔に立てこもった同じ日、〈女性参政権協会全国連盟〉(NUWSS)も独自の平和的な宣伝活動を計画していました。

前年の1912年には、スコットランドのサフラジストが、エディンバラからロンドンまでデモ行進をおこなっています。翌年の夏、ランズ・エンドからニューキャッスルまで、イングランドやウェールズのあちこちの町のサフラジストが参加し、ロンドンのハイド・パークを目指すさらに大規模な行進が計画されたのです。

ハイド・パークからもっとも遠い17の町では、6月18日と19日に女性のグループと少数の男性が出発しました。

町からハイド・パークまで徒歩で数週間かかります。〈女性参政権協会全国連盟〉は10万人の会員にできるだけ参加するよう呼びかけましたが、全行程を歩くよう強要したわけではありません。彼女たちが毅然とした力強い女性の集まりであることを示すには、一部の区間に参加するだけでも十分でした。自転車や馬に乗った参加者もいましたが、派手なお祭りのような行進ではなく、通りすがりの人びととゆっくり話をすることが目的でした。

〈女性参政権協会全国連盟〉の行進だと知ってもらうために、彼女たちはできるだけ服装を統一することにしました。スカートは白、グレー、黒、ネイビーのいずれかで、それに合うブラウス、そして連盟のイメージカラーである赤・緑・白の飾りをつけた帽子という決まりです。どれもごくありふれたものだったので、メンバーは服を新調しなくても参加することができました。

この行進は、すばらしいアイデアでした。サフラジストは旅の途中さまざまな町や村を通り、そこで女性の投票権についての考えや理念を話し合うことができたのです。

ほとんどの場所では温かく迎えられました。時には町中の人がサフラジストを見にやって来て、応援してくれます。小さな子どもたちは花束をプレゼントし、行進は興味と楽しげな雰囲気に包まれました。

でも、すれ違いざまに石や卵、泥、大きなキャベツまでぶつけられたこともありました。帽子を破られたり、自転車から突き落とされたり、荷物を川に投げこまれたりもしました。いくつかの町では、暴徒に襲われそうになったところを労働者階級の男たちに助けられました。彼女たちを襲ったなかには、サフラジストを馬鹿にしている大学生も含まれていました。逆に、投票権を持たない労働者階級の男性たちは、サフラジストの運動に共感していたのです。

7月26日にハイド・パークに到着したとき、メンバーはみんな埃だらけで日に焼け、疲れ果てていましたが、達成感でいっぱいでした。行進は大成功です。連盟は行進によって 8000 ポンド（現在の価格で約65万ポンド、約8500万円）以上を集め、50万枚のチラシを配り、何千人もの新規メンバーを獲得しました。

〈女性参政権協会全国連盟〉は勝利に続く道に戻ってきたかに見えました。それも、〈女性社会政治連合〉がいまだにおこなっているような、暴力や法律違反をすることなく達成したのです。

1913年：放火

1912年3月3日、エレン・ピットフィールドという助産婦が、郵便局で木くずをつめたかごに火をつけました。

その後、彼女は郵便局の窓にレンガを投げつけています。これが、政治的変化を起こそうとしない政府に対する〈女性社会政治連合〉（WSPU）の新しい、そして過激さを増した抗議活動の始まりでした。

エメリン・パンクハーストは男性がもっとも大切にしているのは土地家屋だと考え、それを攻撃対象にするようメンバーに呼びかけていました。また、こうした攻撃で人命が失われることがあってはならないとも断言し、「私は、人を攻撃しなさいと言ったことはありません。でも、土地家屋に対する攻撃なら——確かに言いましたとも！」と書き残しています。

彼女たちがまず狙ったのは、女性の投票権に反対する有力者の家でしたが、そのうち公の施設も個人の邸宅も構わず火をつけるようになりました。焼け跡を捜査する警官たちはしょっちゅう「女性に投票権を」「刑務所にいる仲間への拷問を止めろ」などと書かれた小さな紙切れを見つけ、犯人はほぼ確定されました。

ヘンリー・ハーバート・アスキス首相が演説をおこなう予定だったダブリンの劇場には、メアリー・リーとグラディス・エヴァンスが火をつけました。カーテンが少し燃えただけでしたが、2人は5年の実刑判決を受けています。

1913年には鉄道車両が燃やされ、ロンドンのキューガーデンという植物園で蘭の温室が全焼しています。オックスフォードの舟小屋、クリケット場の観客席、競馬場の特別観覧席なども放火によって全焼したり、破壊されたりしました。1913年12月26日の機関紙『サフラジェット』には、その年にサフラジェットが放火して大きな損害を与えた100以上の場所や建物の名が並んでいます。

彼女たちは、当時の大蔵大臣デイヴィッド・ロイド・ジョージのために建設中だったカントリーハウスを爆破しようとすらしました。

エメリン・パンクハーストは実行犯たちを扇動したのは自分だと主張し、3年の実刑判決を受けました。

サフラジェットは、世間だけでなく、当局からもますます注目されるようになっていました。〈女性社会政治連合〉の本部は警察の家宅捜索を受け、とりわけ「トラブルメーカー」と呼ばれるメンバーは常に監視されていました。

クリスタベル・パンクハーストをはじめ、「猫とねずみ法」によって釈放された後、パリに逃亡するメンバーもいました。法の目をかいくぐるこのような行為は許されないとして、年末にはハンガーストライキをおこなう囚人への食事強制が再開されます。この頃になると、サフラジェットに共感や同情を覚えていた人びとの心も急速に離れていきました。

1913年：競馬場の死

エミリー・ワイルディング・デイヴィソンは気性が激しく大胆不敵な女性でした。彼女は〈女性社会政治連合〉(WSPU)のメンバーで、女性が投票権を得るための活動に人生を捧げました。

エミリーにはなにをしでかすかわからないところがありました。女性が政治に参加する権利を勝ち取るためなら、どんな危険なことでもやりかねず、〈女性社会政治連合〉のリーダーたちすらエミリーの行為を苦々しく思い、彼女の過激な行動との距離を計りかねていました。

1909年、彼女は女性の選挙権運動に専念するために教師を辞め、投石、窓破り、放火もしましたし、あるときは当時の大蔵大臣で政府の要人だったデイヴィッド・ロイド・ジョージと間違えて牧師を襲おうとしました。また、「誰もいない」ことを確かめた上でロイド・ジョージの家に爆弾を仕掛けたという説もあります。

エミリーは9度も刑務所に入ってはハンガーストライキをおこない、手荒い食事強制の拷問を受けました。食事強制を拒否して監房にバリケードを築き、溺れるのではないかと思うほど大量の冷たい水を浴びせられたこともあります。ハンガーストライキ中の仲間の窮状に世間の目を向けようと、刑務所の鉄の階段から身を投げて大怪我もしました。親しい友人たちでさえ、彼女が次になにをするか予想できませんでした。

エプソム・ダービーは、競馬ファンにとって1年でもっとも華やかで大切なレースの1つです。1913年6月4日、競馬場に集まった何千人もの観客のなかにはエミリー・ワイルディング・デイヴィソンもいました。

レースが始まる直前、エミリーはコース最後の左カーブ〈タッテナム・コーナー〉をよく見わたせる最前列に向かいました。服の下にはサフラジェットの旗を2枚隠し、左手にはきれいに折りたたまれた紫・緑・白の絹のスカーフを握っています。この〈女性社会政治連合〉のイメージカラーのスカーフには「女性に投票権を」というスローガンが印刷されていました。

何頭もの馬が猛スピードで走ってくるなか、エミリーは落ち着いて防護柵をくぐり、ゆっくりとコース内に侵入しました。向かってきた馬は次々と通り過ぎていきます。彼女の目当てはただ1頭、国王ジョージ5世が所有するアンマーでした。

エミリーは突進してくるアンマーに向かって両腕を伸ばしました。ジョージ5世、メアリー王妃、そして何百人もの観客は、エミリーが馬にぶつかって跳ね飛ばされるのを恐怖の面持ちで見つめました。衝突の衝撃でアンマーは横転し、騎手のハーバート・ジョーンズは空に投げ出されました。アンマーは地面に崩れ落ちましたが、よろめきながらも無傷で立ち上がりました。レースが続くなか、エミリーとハーバートはコース内に倒れたままピクリともしません。人びとが救助に駆けつけ、2

*女性の投票権運動で初の犠牲者『デイリー・スケッチ』(6月9日版／半ペニー)

人は病院に運ばれました。

ハーバートは軽傷でしたが、エミリーは意識を回復することなく、頭蓋骨骨折が致命傷になって4日後に亡くなりました。

当時、ほとんどの人はエミリーが競馬場の大観衆の前で、王の馬の前面に立ちはだかって自殺を図ったと考えていましたが、今では、多くの歴史家が自殺ではないと見なしています。もちろん真実は謎ですが、エミリーが手にしていた絹のスカーフが彼女の意図を物語っているのかもしれません。もし国王の馬が「女性に投票権を」と書かれたスカーフをなびかせてゴールしたなら、サフラジェットがおこなってきた活動のなかでも最高の快挙になったはずです。疾走する馬のスピードがエミリーの予想より速かったか、馬を待つ位置を誤ってスカーフをつけそびれたのかもしれません。

真実がどうであれ、エミリーが女性の選挙権運動にできる限り注目を集めようとしたことは間違いないでしょう。当日のレースの様子を録画したフィルムが残っていますが、彼女はカメラによく写る絶好の場所に陣取っています。その日の夜には、エミリーの行動を捉えた白黒のぼやけた映像が、全国の映画館のスクリーンに映されました。

ロンドンの町を進むエミリーの葬列を、何千人もの人が見守りました。実際に通りに出て見た人もいれば、映画館でニュースの映像を見た人もいます。

エミリー・ワイルディング・デイヴィソンは、世界でもっとも有名なサフラジェットになったのです。

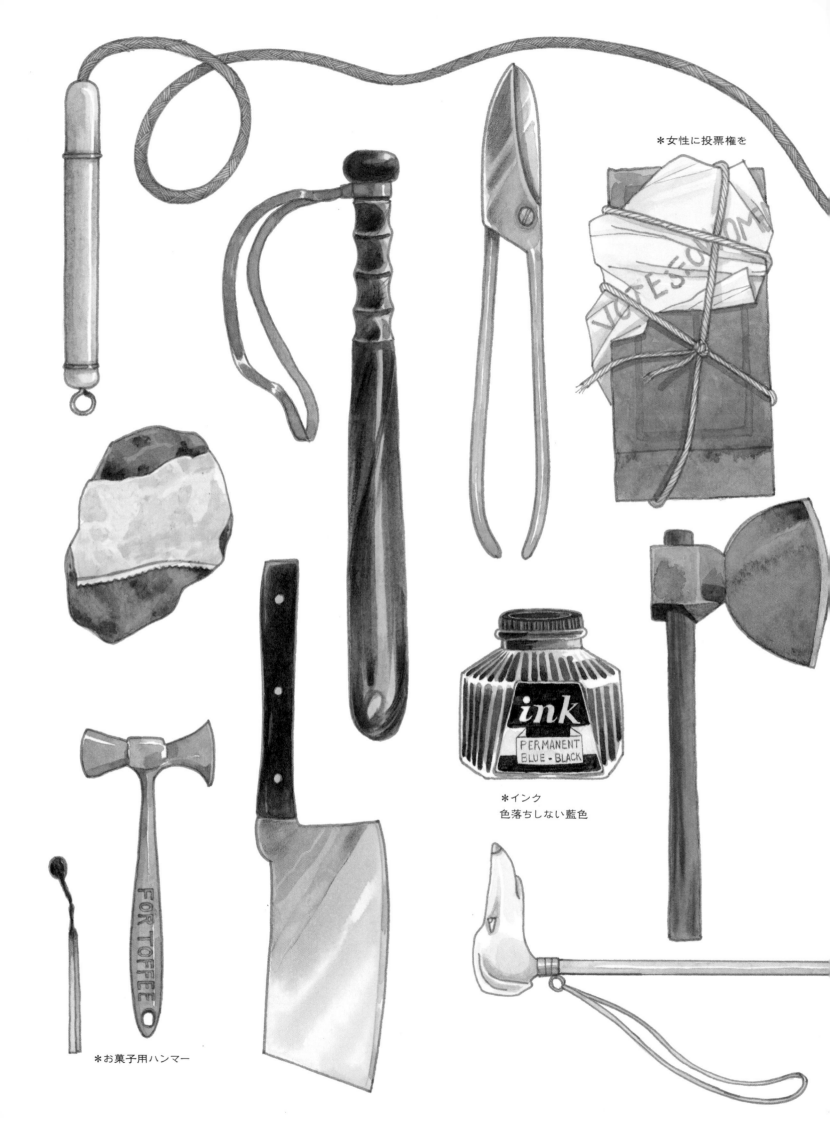

＊女性に投票権を

＊インク
色落ちしない藍色

＊お菓子用ハンマー

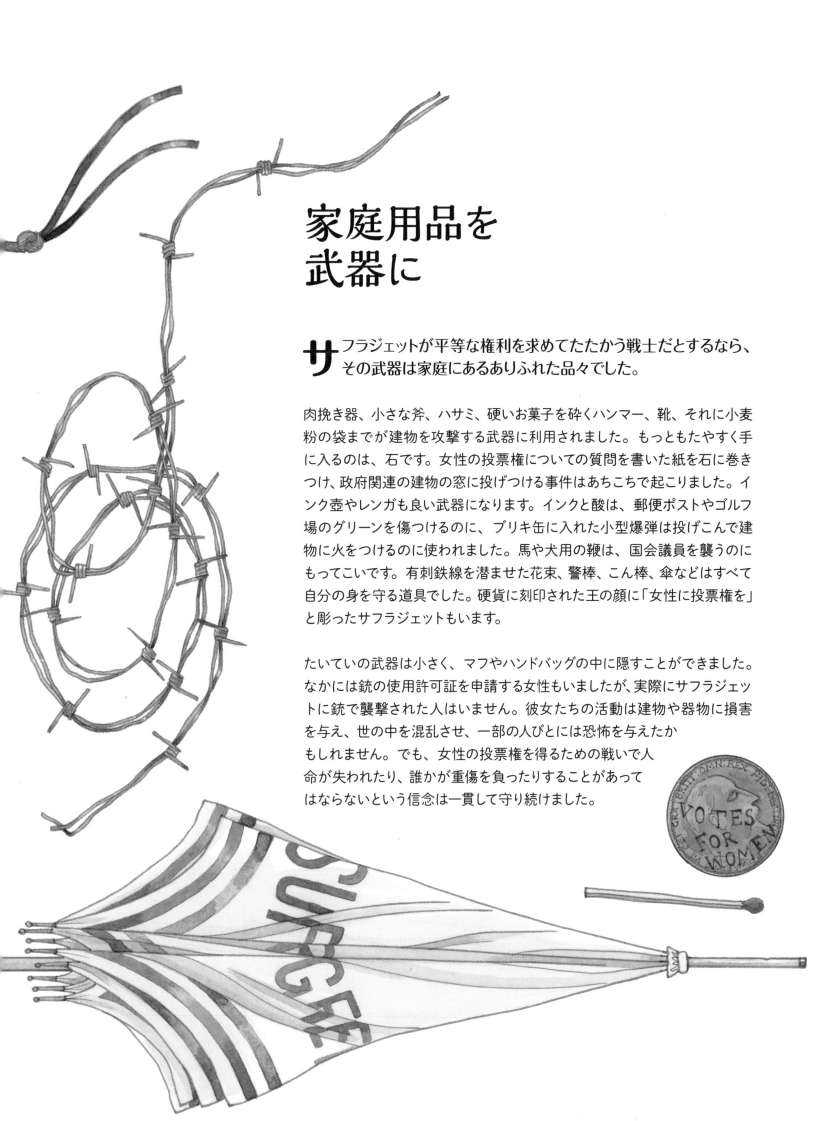

家庭用品を
武器に

サフラジェットが平等な権利を求めてたたかう戦士だとするなら、
その武器は家庭にあるありふれた品々でした。

肉挽き器、小さな斧、ハサミ、硬いお菓子を砕くハンマー、靴、それに小麦
粉の袋までが建物を攻撃する武器に利用されました。もっともたやすく手
に入るのは、石です。女性の投票権についての質問を書いた紙を石に巻き
つけ、政府関連の建物の窓に投げつける事件はあちこちで起こりました。イ
ンク壺やレンガも良い武器になります。インクと酸は、郵便ポストやゴルフ
場のグリーンを傷つけるのに、ブリキ缶に入れた小型爆弾は投げこんで建
物に火をつけるのに使われました。馬や犬用の鞭は、国会議員を襲うのに
もってこいです。有刺鉄線を潜ませた花束、警棒、こん棒、傘などはすべて
自分の身を守る道具でした。硬貨に刻印された王の顔に「女性に投票権を」
と彫ったサフラジェットもいます。

たいていの武器は小さく、マフやハンドバッグの中に隠すことができました。
なかには銃の使用許可証を申請する女性もいましたが、実際にサフラジェッ
トに銃で襲撃された人はいません。彼女たちの活動は建物や器物に損害
を与え、世の中を混乱させ、一部の人びとには恐怖を与えたか
もしれません。でも、女性の投票権を得るための戦いで人
命が失われたり、誰かが重傷を負ったりすることがあって
はならないという信念は一貫して守り続けました。

1914年：グラスゴーの戦い と〈アマゾン〉たち

猫とねずみ法」のせいでエメリン・パンクハーストは衰弱し、疲れ果てていました。彼女が再び投獄され命を落とすことを恐れた〈女性社会政治連合〉(WSPU)は、警察の手からエメリンを守らなければならないと考えました。

イーディス・ガラッドは30人の女性から成る特別部隊の訓練を始め、「危険な任務」に備えることにしました。30人はパンクハースト夫人のボディーガードとなるべく、柔術に加えてこん棒などを使った防御や攻撃方法も学びました。このボディーガード集団は〈アマゾン〉として知られるようになります。

1914年には、サフラジェットと政府の敵対関係は激しさを増していました。また、あまりに過激な活動をおこなうサフラジェットは世間の共感を失いつつあり、〈女性社会政治連合〉内でも意見の食い違いが生じるようになっていました。

エメリンにはある考えがありました。もし彼女が公の場でサフラジェットに向けて演説をしたら、警察はきっと逮捕しようとするでしょう。エメリンが逃げきれば政府は間抜けだということになるし、捕まれば世間は彼女を気の毒に思い、女性の選挙権運動を支持しようと考え直すかもしれません。

1914年3月、グラスゴーのセント・アンドリュース・ホールでサフラジェットの集会が開かれることになりました。「猫とねずみ法」のもと釈放され、ずっと姿を隠したままのエメリンが演説をするのではないかという噂が広まりました。

会場は満員です。警察はエメリンが現れたら必ず捕まえようと会場を取り囲み、地下にも50人以上の警官が潜んでいました。これでは彼女が誰にも気づかれずに会場に入るのは不可能です。

今日エメリンの演説を聞くことはできないだろうと誰もが思った矢先、彼女は奇跡的にステージに現れました。でも、これは奇跡でもなければ、よくできた手品でもありません。ただ変装して他の人と同じようにチケットを購入し、待ち構えている警官たちの目の前を通ってホールに入ったのです。聴衆が待ち望んでいた、エメリンの演説が始まりました。

「男女平等の正義を、政治的平等の正義を、法的平等の正義を、職業的平等の正義を、社会的平等の正義を……！」

彼女の演説は、地下室から駆け上がってくる警官たちの殺気立った足音にかき消されました。〈アマゾン〉の1人が急いでピストルを取り出し、銃声を轟かせます。幸い、それは空砲でした。銃声に驚いて転びそうになりながらも、無傷の警官たちはステージに向かいました。25人の〈アマゾン〉がパンクハースト夫人を取り囲み、ドレスの中に隠していた棒切れやこん棒を構えます。

最初にステージに上がった警官が、壇上を飾っていたきれいな花飾りに仕込んであった有刺鉄線に足を取られました。観客の中に紛れていた私服警官たちもエメリンを捕まえようとステージに向かいますが、傘を手にしたサフラジェットたちに撃退されてしまいます。警官が〈アマゾン〉たちを警棒で殴りつけると、聴衆はブーイングと野次を飛ばしました。争いは激しくなり、椅子やテーブルが飛び交いました。

世間はこの警察の仕打ちに恐怖を覚えました。まさにエメリンの計画通りです。「グラスゴーの戦い」として知られるようになったこの騒ぎの後、女性の選挙権運動は再び人びとの共感と支持を集めることになりました。

1914年：労働者を忘れるな

サフラジェットの一般的なイメージは「石を投げる上流階級の女性たち」というものですが、それは運動の一面にすぎません。

多くのサフラジストやサフラジェットは労働者階級に属し、なかにはとても貧しい家庭に育った人びともいました。彼女たちにはじゅうぶんなお金や自由な時間はありませんでしたが、より良い生活を送る権利を求める戦いに大きく貢献しました。

女性参政権団体のなかには、投票権を有する男性と同等の資格を持つ女性に対して投票権を認めさせることに焦点を絞っているところもありました。当時は男性でも一部にしか投票権がなく、1914年当時の男性有権者と同等の資格とは、十分な教育を受けているか、自分の家を所有している上流階級と中流階級の女性を意味しました。

当然、労働者階級の女性は不満を抱きました。彼女たちが望むのは階級、教育、財産に関係なく、すべての男女が投票権を得ることです。こうした女性たちは女性選挙権運動家、特にサフラジェットと行動をともにして大きな危険を冒していました。

特に貧しい労働者階級女性の多くは、週に1日しか休みがありませんでしたが、その貴重な1日をデモ行進などの活動に充てていました。警官ともめ事を起こせば仕事を失い、生活がさらに苦しくなるかもしれません。逮捕されても貧しければ罰金を支払う余裕がなく、必然的に刑務所に送られます。一家の稼ぎ手がその女性しかいない場合、その稼ぎ手が服役すれば子どもたちはじゅうぶんな食べ物もなく、世話もされずに数カ月間過ごすことになるでしょう。言うまでもなく、地域や家族はたいてい彼女たちの活動を快く思わず、恥知らずと見なされて拒絶されました。

でも、多くの労働者階級の女性にはある確信がありま

した。それは、女性が政治に参加し、国に対して男性と同じ発言力を持たなければ、自分の人生を自分で決める日など決して来ないということです。1900年代初めには、ノースウエストの繊維工場や製造工場で働く3万人近くの女性が、賃金と労働条件の改正を求める請願書に署名しました。エメリン・パンクハーストが〈女性社会政治連合〉（WSPU）を設立するきっかけにもなった出来事です。

ただ、1914年には〈女性社会政治連合〉の一部メンバーによる暴力的で極端に過激な行動が、他の女性参政権団体の間で論議の的になっていました。〈女性社会政治連合〉はもともと労働者階級の女性の権利を支持するために発足した組織ですが、貧富に関係なくすべての女性に議会投票権がなかったため、あらゆる社会階級の女性を広く惹きつけていました。また、エメリンと長女のクリスタベルは、〈女性社会政治連合〉は男性が運営するどの政党とも手を組むべきではなく、独立した組織であるべきだと強く主張していました。当時、女性の投票権獲得に理解を示していた労働党も例外ではありませんでした。

しかし、エメリンの次女シルビア・パンクハーストはこの考え方に同意せず、〈女性社会政治連合〉を社会主義運動とより密接に結びつけようとしました。そして、彼女は〈東ロンドン・サフラジェット連盟〉（ELFS）を結成します。〈女性社会政治連合〉の方針とは逆に男女両方をメンバーとし、議会選挙では労働党の候補者を支援しました。

1914年1月、母親のエメリンや姉のクリスタベルと対立したシルビアは〈女性社会政治連合〉を除名され、同じく〈女性社会政治連合〉を脱退したミニー・ランズベリー、メルヴィナ・ウォーカー、ジュリア・スカーとともに、貧しい女性が抱える社会問題を解決する活動に取り組むことになります。

VOTES FOR WORKERS*

＊労働者に投票権を

1914年：
「切り裂き」メアリーと絵画襲撃

メアリー・リチャードソンは芸術を愛していました。それを思えば、彼女がしでかしたことはとても奇妙に思えます。

1914年3月10日、メアリーはロンドンの美術館、ナショナル・ギャラリーに行きました。お目当てはある1点の絵画、1647年に描かれたディエゴ・ベラスケスの『鏡のヴィーナス』です。ナショナル・ギャラリーは当時4万5000ポンド（現在の価値で約4億8000万円）という巨額でこの作品を購入したばかりでした。

その1年前には、2人のサフラジェットがマンチェスター市立美術館で14点の絵画の額縁と表面のガラスを割るという騒ぎを起こしています。

そのため、ナショナル・ギャラリーの警備は厳重でした。『鏡のヴィーナス』の横に2人の警備員が控え、絵の前には万が一に備えて厚いガラスが設置されました。

メアリーは絵の前に立ち、スケッチブックに絵を描き写す素振りを見せました。袖には肉切り包丁を隠し持っています。警備員たちはメアリーに場所を譲ろうとはしません。絵に近づいて傷つけるのは無理かもしれない、と彼女は思い始めました。

そのとき、警備員の1人が急に立ち上がって昼食をとりに行き、もう1人は新聞を広げて読み始めたのです。目の前の新聞に遮られ、一歩踏み出して標的を攻撃しようとするメアリーの姿に警備員は気づきません。そして、肉切り包丁が保護ガラスを粉々に砕きました。

メアリーは警備員に捕まると覚悟しましたが、警備員は天窓が割れたと勘違いして上を見上げながら、その場を去って行きました。

チャンスとばかり、メアリーは肉切り包丁でヴィーナスの背中と肩を5度、きれいに、切り裂きました。

別の警備員が事態に気づいて彼女を止めようと走ってきましたが、磨き上げた床で滑り、うつ伏せに倒れてしまいました。なんという幸運でしょう。メアリーは信じられない思いでした。結局は取り押さえられて逮捕されましたが、それまでにもう数回絵を切り裂いています。もっとも、最初の攻撃ですでに絵は激しい損傷を受けていました。

人びとは強い嫌悪と憤りを覚え、芸術品を傷つけるなんて、とぞっとしました。

メアリーはそれに反発し、こう反論しています。「パンクハースト夫人という、現代に生きるもっともすばらしい人物を痛めつける政府への抗議として、神話の世界に生きるもっとも美しい女性の絵を痛めつけようとしただけです……。絵には代わりがありますが、命は1つしかありません。政府はパンクハースト夫人を殺そうとしています」

その年の後半には、緊張感は頂点に達そうとしていました。紫・緑・白の服を着ているだけで、サフラジェットが激怒した市民に襲われることもありました。女性の投票権を支持している男性は、池や湖に突き落とされたりもしました。ロイド・ジョージ大蔵大臣に野次を飛ばしたC・A・ウィルズ牧師は、まさにこの仕打ちを受けた1人です。

しかし、1914年8月にはさらに大きな脅威が迫っていました。

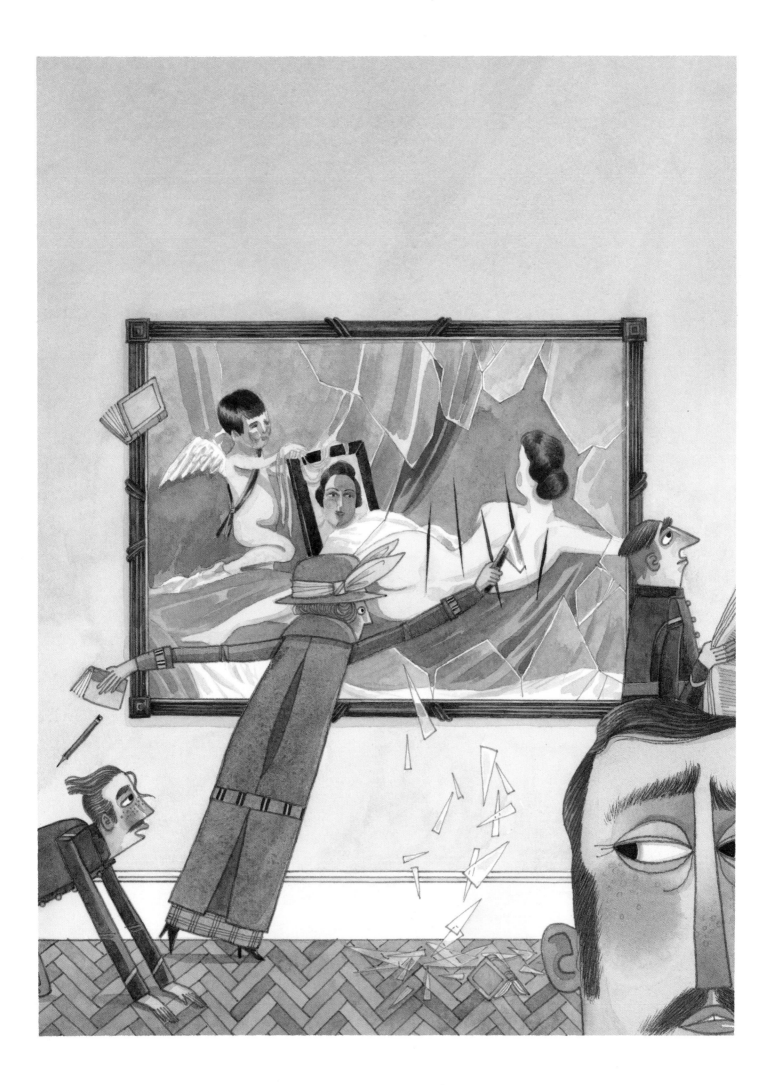

1914年8月4日

イギリスとドイツの激しい戦いが始まり、戦争の影が近づいてきました。

ほぼ一夜にして女性の選挙権運動全体が一変し、サフラジェットの荒々しく過激な行動は突然終わりを迎えます。

8月6日までに、〈女性参政権協会全国連盟〉（NUWSS）のリーダーたちはミリセント・フォーセットを先頭に、参戦に賛同する意思表示をしていました。ミリセントは、「（女性である）私たちの主張が認められるかどうかに関係なく、市民権を持つにふさわしい存在であることを証明する」ようにとメンバーに呼びかけています。

8月10日には、政府は〈女性社会政治連合〉（WSPU）

に恩赦*を与えることを決定し、服役中の、あるいは「猫とねずみ法」によって一時的に出所しているすべてのサフラジェットの刑期は取り消されることになりました。一瞬のうちに、女性投票権獲得の活動は、戦争に勝利するための活動に取って代わったのです。

エメリン・パンクハーストも参戦を支持し、〈女性社会政治連合〉のメンバーに対して、「もし選挙で動かす国家自体がなくなったら、投票権を求めてたたかうことになんの意味があるでしょう」と主張しました。

1914年9月中旬、イギリスの男子25万人以上がフランスとベルギーに出征していました。機関紙『ヴォーツ・フォー・ウィメン』には次のように書かれています。「今後はあらゆる職種が必要となり、女性がそれを担うことになるだろう」

*確定した刑の全部または一部を消滅させること

1914年：白い羽根運動

ほとんどの女性参政権団体にとって優先すべきは戦争に勝つことで、女性の投票権獲得はしばし棚上げになりました。

とは言え、すべての団体が戦争を支持したわけではありません。〈女性自由連盟〉と〈東ロンドン・サフラジェット連盟〉は戦争反対の立場を取りました。

この2団体のメンバーの多くは平和主義者で、女性の投票権を得る努力を続けながら平和運動をすべきだと考えていました。彼女たちは、女性が政治に関われば世界はもっと平和な場所になると主張しました。

でも、この主張は大半の人には受け入れられませんでした。シルビア・パンクハーストは、彼女が開いた平和集会で、異議を唱える兵士たちから絵の具や腐った果物をぶつけられています。

第一次世界大戦中、平和主義者──特に平和主義者の男性は政府からも市民からも白い目で見られていました。

ほとんどの人は、健康な男性は国王と国のためにたたかう義務を果たすべきだと信じていました。もちろん、女性が出征することは認められていません。

出征を拒否した男性は「良心的兵役拒否者*」と呼ばれました。でも、世間では臆病者や卑怯者と呼ばれ、

白い羽根の会 1914年

しばしば襲われてひどく殴られ、友人や家族からも敬遠され、刑務所に入れられることすらありました。

でも、「良心的兵役拒否者」は臆病者や卑怯者ということではありません。

「良心的」とは、ものごとの善悪を自分の個人的な感覚で決めることを意味します。当時、約1万6000人の男性が宗教的または政治的な理由で、あるいは人を殺すべきではないという思いから、第一次世界大戦でたたかうことを拒否しました。

1914年8月30日、チャールズ・フィッツジェラルド提督は〈白い羽根の会〉を創設し、30人の女性に協力を仰ぎました。

白い羽は、伝統的に臆病者の象徴です。平服姿の若者に白い羽根を渡すという活動の目的は、兵役拒否を恥ずべきことだと思わせ、軍隊に入るよう促すことでした。この社会運動はたちまち拡大し、サフラジェットを含む多くの女性が、男性に白い羽を渡す役目を引き受けるようになりました。

男性に羽根を渡したりジャケットの襟に無理やり挿したりする行為は、常に公衆の面前でおこなわれました。相手に大きな屈辱を与えるためです。なんと残酷な運動でしょう。良心的兵役拒否者だけでなく、軍服を着ていない兵士も標的になりましたが、そのなかにはシラミが湧いたため軍服を洗濯に出し

*個人的で正当な理由から、戦争への参加を拒否すること

ていた休暇中の兵士や、戦闘で負傷し除隊した男性も含まれていました。

社会生活を営む上で欠かせない仕事だと政府が判断し、入隊を免除された鉱山労働者、電車やバスの運転手などにとっても、白い羽根運動は厄介な存在でした。こうした男性たちには「国王と国家」と書かれたバッジが支給されることになりました。同様に、入隊してまだ召集されていない男性は白い羽根を押しつけられないよう、待機中の兵士であることを示す腕章をつけていました。

でも、一番かわいそうなのは、たまたま実年齢よりも年上に見られた15〜16歳の少年かもしれません。

入隊できるのは18歳からですが、18歳未満にもかかわらず勘違いで白い羽根を渡された少年が、あまりの恥ずかしさに年齢を偽って入隊するという出来事が頻発しました。

羽根は郵送される場合もあります。送り主がその男性の家族というのも珍しいことではなく、羽根には「卑怯

者」「臆病者」と書かれた紙切れが添えられていました。

サフラジェットを含め、多くの女性がなぜ男性に恥をかかせるような運動に関わったのかは謎ですが、白い羽根を渡すことで国の役に立っていると考えたのかもしれません。イギリス軍に十分な兵力がなければ戦争に負ける恐れがあるからです。

実際、政府も入隊を促すよう女性を煽っているところがありました。女性たちはチラシやポスターを作り、そこにこんな言葉を書き入れました。「もしあなたの家族の若者が国王と国に対する義務を怠るなら、いずれあなたに果たすべき義務も怠るようになるでしょう。よく考えて——そして今すぐ入隊するよう伝えなさい」

なにをすべきか男性に命令され続けてきた女性たちが、このとき初めて「男性になにをすべきか伝える力を手にした」と感じたのかもしれません。

1915年：
男は戦い、女は働く

戦争は激しくなり、男たちは次々と出征していきます。そのため、国を維持するのに不可欠な労働力は減少しました。多くの男たちが国を離れた今、それまで彼らがやっていた仕事を担う働き手を早急に見つけなければなりません。

仕事を希望する女性は多くいましたが、雇用主はこれまで男性が独占していた仕事を女性に任せることをためらいました。戦争は間もなく終わり、男たちは無事に帰国するかもしれません。それに、女性が男性とまったく同じように働くのは無理だろうとも考えていました。

この難問は、かつての敵同士に奇妙な協力関係をもたらします。

政府は、女性の選挙権運動のメンバーを募る際にエメリン・パンクハーストが発揮した影響力を十分に認識していました。彼女の力が、戦争に勝つための戦いに役立つのではないだろうか？ 国王自らも、女性が仕事に就くことの利点を国民に伝えるのに、パンクハースト夫人を利用してはどうかと政府に提案しています。

エメリンは1915年、当時としては大金の2000ポンド（現在の価値で約2100万円）の助成金を政府から受け、女性による大規模な行進を計画しました。今回の行進は、女性投票権獲得のためではなく、国が必要としている労働力と奉仕を女性が提供する権利のための行進です。

エメリンはこれに熱心に取り組み、〈女性社会政治連合〉（WSPU）の協力を得た「女性の戦時労働」行進は2週間足らずで実行に移されました。

1915年7月17日、エメリンは3万人以上の女性と90人のマーチングバンドの行列を率いて、強い雨と風に見舞われたロンドンの通りを練り歩きました。行進は10万人以上の見物人の前を誇らしげに進みます。

これまで〈女性社会政治連合〉が企画したデモ行進とは違い、緑・白・紫の旗や垂れ幕はありません。その代わり、女性たちは赤・白・青のイギリス国旗を振りました。

彼女たちが進む通りにはテーブルが何箇所か設置され、イギリスの勝利のために働きたいと思う女性が登録できるようになっていました。この企画は大成功でした。あらゆる階級や経歴の女性がこぞって登録したのです。

軍需大臣デイヴィッド・ロイド・ジョージが群衆に向けて演説をおこない、特に軍需工場ではすぐにでも正規の労働時間で働く女性が必要だと訴えました。軍隊が勝利するためには弾薬が必要です。多くの女性たちが役に立ちたいと考え、喜んで応募しました。

＊女性に労働を
　与えよ

＊戦い
　労働

1915〜1918年：
カナリアとペンギンは戦時に役立つ

爆弾作りは高い技術が求められる難しい仕事で、しかも非常に危険です。でも、女性たちには危険を冒す覚悟がありました。

工場や雇用主は女性を雇う必要性に気づき、終戦間近には軍需工場で働く女性は100万人近くいたと考えられています。彼女たちは軍用物資を表す〈munition〉という語をもじって「ミューニショネット（Munitionette）」と呼ばれ、爆弾や弾薬などを軍隊に支給する上で重要な役割を果たしました。

爆薬は製造する過程で暴発する危険があり、しかも原料には有害な化学物質が含まれていました。たとえばトリニトロトルエン（TNT）という物質は肌を真っ黄色に、髪の毛を緑色にするため、作り手の女性たちは「カナリア」というあだ名で呼ばれました。このような症状はやがて消えていきますが、ほかの危険な化学物質の影響で命を落とした人びともいます。

安全対策として、フェイスマスク、防護服、木製の靴などが支給されました。金属はなにかの拍子に

TNTを暴発させる恐れがあるため、ヘアピンや宝石類など金属製の品を工場内で身につけることはできません。マッチも禁止で、持ちこんだ場合は刑務所に送られることすらありました。それでも、事故は起こりました。

もちろん労働者階級の女性は戦前も働いていましたが、今は多くの男性が出征して国を離れているため、女性が働く機会は前よりはるかに増えていました。戦争が終わる頃には、40万人以上の女性が低賃金の仕事を辞めて新たな職を探していたといいます。

警察官や消防士、鉄道の駅で荷物を運ぶ係や改札係、大工や電気技師、路面電車やバスの車掌、煙突掃除や墓堀り——これまで「男の仕事」とされていたあらゆる仕事に、初めて女性が就くようになりました。

ロンドンの高級デパート〈ハロッズ〉では、数人の女性をトラック運転手として雇いました。ハロッズは彼女たちを「運転は上手で注意深い。男性運転手より事故も少なく、仕事終わりの疲れもあまり見せなかった」と評価しています。

女性たちは車を運転するだけではなく、修理方法も学びました。女性の溶接工、整備士、エンジニアも誕生しました。

農業に従事した女性もいます。1917年には、戦争を生き延びるのに十分な食料を国に供給するために〈女性農耕部隊〉が結成されました。

戦争が激化するなか、イギリス内外の戦地で兵士の治療に当たる看護婦は欠かせない存在です。その数は宣戦布告時には3000人でしたが、終戦時には2万3000人でした。

救急看護奉仕隊（VAD）や応急看護師部隊（FANYS）は救急車を運転したり、病院を運営したり、負傷者の手当てをしたりしました。

また、この戦争で女性が初めて軍隊に入隊しました。と言っても、男性と一緒にたたかうわけではなく、物資を供給するのが任務です。1914年の開戦時に〈女性志願予備員制度〉（WVR）が始まりました。

女性補助陸軍（WAAC）、王立女性海軍（WRNS）、

王立女性空軍（WRAF）は1917年から1918年にかけて結成されています。

王立女性空軍は女性を航空整備士として訓練しましたが、実際に飛行機を操縦して戦地に向かうことは許されていませんでした。そのため、女性空軍兵士には飛べない鳥になぞらえて「ペンギン」というあだ名がつけられました。それでも、これほど女性がさまざまな「男の」仕事に就き、まして軍隊にまで入るとは、前の世代には考えられないことだったでしょう。でも、戦争はこうした機会を女性に与え、彼女たちは喜んでそれをつかんだのです。

女性がさまざまな役割を担うようになると、彼女たちの投票権を認めない政府はこれまで以上に間抜けに見えました。1915年12月、機関紙『ヴォーツ・フォー・ウィメン』の見出しにはこんな文字が躍っています。「男も女も同じ仕事ができるのに、なぜ投票権は片方にしかないのか？」。確かに、もし女性が男性と同じ仕事をする能力があるなら、投票という手段で政治に参加する能力もあるはずです。

1918年：投票権の獲得

ついに勝利の日が来ました！　60年以上にわたる活動の末、ようやく女性が投票権を獲得したのです。

1918年2月6日に人民代表法*が施行され、当時成人と定められていた21歳以上のすべての男性に投票権が与えられました。軍隊に所属する男性は19歳で投票することができます。イギリス史上初めて、財産や地位に関係なくすべての男性が政治的平等を得たのです。

でも、女性の勝利は条件つきでした。投票権が与えられるのは30歳以上の女性だけ、さらに自分の家を所有しているか土地家屋を所有する夫がいなければなりませんでした。また、大学を卒業しているか、年間5ポンド以上の価値がある住居に住んでいる場合にも投票権がありました。

1918年の人民代表法に基づき、800万人の女性が投票権を獲得しました。でも、もし男性と同じ条件だったとしたら、2100万人の女性が次の議会選挙で投票できたことになります。

女性の投票権を30歳以上とした理由には諸説あります。若い女性は選挙に責任を持って向き合うには早すぎると政府が考えていたと言う歴史家もいます。また、

当時女性の数は男性を上回っていて、政府は女性票がどこに流れるか予想しかねたという考え方もあります。次の総選挙で対立候補が有利になることを政治家たちが恐れたため、多くの女性に投票権を与えることは見送られたのかもしれません。

1918年に男女の政治的平等を定めなかった理由がなんであれ、政府はもはや女性の参政権という問題を無視することはできないと認識していました。

戦時中、エメリン・パンクハーストは女性の選挙権運動は一時棚上げして戦争に勝つことに集中していましたが、1916年にサフラジェットの活動について尋ねられてこう答えています。「私たちは、骨を土に埋めた犬のようなものです。世間は私たちがすべて忘れてしまったと思っていますが、隠した場所にはちゃんと印をつけていますよ」

*1 投票所　*2 出口　*3 投票箱13番

政府は、戦争が終結すればサフラジェットがこれまで以上に過激な活動を再開するのではないかと危ぶんでいました。

また、この戦争では男性有権者の資格を見直す必要性も浮き彫りになりました。

*女性に投票権を認めたイギリス初の法律

当時は多くの男性が家を離れて長期間たたかっていました。選挙権を得るためには、過去12カ月間登録された住所に住んでいなければなりません。この規定のせいで、彼らは事実上選挙権を奪われてしまったのです。

それに、何百万人もいる労働者階級の兵士は、土地を所有していないため、そもそも投票する権利がありませんでした。この2つが原因で、多くの兵士は自分が投票権を持たない国のために戦うことになったのです。こうした明らかな不公平が続くことは許されませんでした。

この状況を変える運動「ヒーローたちに投票権を」の呼びかけは広く普及し、一部のサフラジェットはこれに「ヒロインたちにも投票権を！」とつけ加えました。

一部だけとはいえ、1918年に女性が投票権を得たのは、第一次世界大戦中の女性の努力と犠牲に政府が報いようとした結果だと多くの人は信じていました。

「人民代表法」はサフラジストやサフラジェットにとって歴史的な勝利でしたが、手放しで喜べる状況ではありませんでした。戦火はいまだ拡大し、犠牲者も増えていたからです。

戦いはさらに9カ月間続き、1918年11月11日に終戦を迎えます。

80万人以上のイギリス人男性が戦死し、多くが重傷を負いました。

この恐ろしい戦争が終結した直後の1918年12月14日、女性たちは初めて総選挙の投票所に足を踏み入れました。

それは長い間たたかってきた女性たちが得た勝利でし

たが、一部の勝利に過ぎませんでした。男性と同じ条件で選挙権が認められるのはまだ先のことで、彼女たちの運動はこの後さらに10年間続くことになります。

1928年：すべての人に投票権を

エメリン・パンクハーストは　1928年6月14日に亡くなりました。そしてそのわずか数週間後に「普通選挙法」が導入され、21歳以上のすべての女性に投票権が与えられたのです。

女性が投票権を得るために休むことなく活動を続けたエメリンは、この勝利を生きて見ることはできませんでした。一方、当時81歳だったミリセント・フォーセットは国会に招かれ、新しい法律が成立する瞬間に立ち会っています。その夜、彼女は日記にこう書きました。「ジョン・スチュアート・ミルが第2次選挙法改正に女性の投票権を盛りこむ法案を提出したと聞いたのは1867年5月20日、もう61年も前のことだ。この戦いを最初から目撃できたことは、途方もない幸運だった」

「普通選挙法」が施行されると、500万人以上の女性が新たに投票権を得ました。女性の有権者は国民の52.7％となり、男性を上回りました。

この新法に反対はほとんどありませんでした。多くの人は、男性は21歳から、兵役に就いていれば19歳から投票できるのに女性は30歳まで投票できず、しかもある程度価値を持つ土地家屋を所有していなければならないなんて意味がないとわかっていたのです（1969年には、投票できる年齢は男女とも18歳に引き下げられました）。

「女性資格法」が1918年11月21日に通過し、女性は男性と対等な条件で議会議員に立候補し、当選すれば議員になれることが決定しました。立候補できる女性の年齢は21歳から30歳までで、当時の法律ではまだ投票権を持たない年齢層に当たります。この馬鹿げた矛盾にもかかわらず、1918年には17人の女性が選挙に立候補しました。そのなかには、女性選挙権運動の偉大な先駆者であるクリスタベル・パンクハースト、エメリン・ペシック＝ローレンス、シャーロット・デスパードなどもいました。

その年、1人の女性が当選しました。名前はコンスタンツ・マルキエビッチ、アイルランドのダブリン・セント・パトリック選挙区から選出され、女性として初めて下院議員になったのです。もっとも、当時アイルランドはまだイギリスの統治下にありましたが、アイルランド独立をめぐる政治紛争により、コンスタンツが実際にロンドンの国会に出席することはありませんでした。

翌1919年12月23日、性差別撤廃法が施行されました。これまで男性しか就くことが許されていなかった職業も、女性に門戸を開くことになります。こうして、女性の弁護士、会計士、判事、弁護士、公務員などが誕生しました。

1928年になると女性がますます重要な役割を担うようになります。女性議員も数人出てきたことで、政府は延び延びになっていた普通選挙法の施行に意欲を示しました。

1929年の総選挙は、21〜29歳の女性も有権者に加わった最初の選挙です。女性議員の数は14人に増え、労働党の政治家マーガレット・ボンドフィールドが初の女性閣僚になりました。

社会における女性の地位は、1832年の第一次選挙法改正以来、飛躍的な進歩を遂げましたが、1928年の普通選挙法は、まだ男女間に存在する多くの不平等を埋める第一歩に過ぎませんでした。

女性参政権の戦いは議会投票権を得るための戦いというだけでなく、社会における女性のあり方を変える戦いでもありました。女性に対する世間の概念はもちろん、女性自身の考え方も変える必要があったのです。
女性が政治の中心に立って発言力を得ることは、女性

や女性らしさに対する古い抑圧的で差別的な世
間の認識を変え、真の男女平等の実現を目
指すことにつながる──サフラジストやサフ
ラジェットにはそれがわかっていました。

完全な平等を求める戦いは今も続いています。でも、かつ
て揺るぎない大胆な信念のもと、女性の投票権を求め
て根気強くたたかった人びとは、自分や後に続く世代
のためにとても重要な勝利を勝ち取ったのです。

世界のサフラジストたち

議会投票権を得るため、世界中の女性が勇気と決意を持って戦いました。

ソジャーナ・トゥルース (1797~1883)

ソジャーナ・トゥルースはアメリカの公民権運動家で、早くから男女平等を訴えていました。本名はイザベラ・ボームフリー、大家族の奴隷の家に生まれましたが、9歳のときに初めて奴隷として売られ、その後も2度別の家に売られています。

1826年、イザベラの所有者であるジョン・デューモントは彼女を自由にすると約束しましたが、その約束は破られました。イザベラは幼い娘を連れ、奴隷制廃止を支持している地元の一家に逃げこみます。この家の主人はデューモントに金を支払い、彼女に自由を与えました。その直後、イザベラは当時まだ5歳だった息子ピーターが不法に売られていたことを知ります。そして息子を取り戻すために訴訟を起こし、裁判に勝ちました。この事件は、アメリカで黒人女性が白人男性に異議を申し立てて成功した最初の事例です。

「真実には力があり、
最後には必ず勝つでしょう」

1843年、イザベラは〈ソジャーナ・トゥルース〉*と改名し、自分が奴隷だったときの経験をもとに、肌の色や人種に関係なくすべての人が平等であるべきだとする公民権運動を始めます。また、女性の権利と選挙権運動の強力な代弁者となりました。1851年の有名な演説「私は女ではないの？（Ain't I a Woman?）」のなかで、ソジャーナは女性には男性と同じ権利を持つ価値があると訴えました。

彼女はすべての女性の政治的平等を望みましたが、当時の奴隷制反対運動では黒人男性の権利のみが取り上げられ、黒人女性の権利は無視されていました。ソジャーナは、黒人男性に選挙権が認められた時点で、肌の色に関係なく女性の選挙権運動は勢いを失うだろうと危惧していましたが、ある意味それは当たりました。アメリカで女性に選挙権が認められたのは1920年、人種や肌の色に関係なくすべての男性に選挙権を認める法律が成立してから50年も後のことです。ソジャーナ自身はその10年ほど前に亡くなっていましたが、彼女は高齢になってからも選挙権運動を続けました。

*さまざまな場所に滞在し、真実を語るという意味をこめてつけられた

「何事にも失敗という
ことはありません」

スーザン・B・アンソニー（1820～1906）

教師で公民権運動家のスーザンは〈アメリカ平等協会〉と〈全米女性選挙権協会〉の共同設立者です。1869年から1906年までの間、彼女は女性の投票権を要求してあらゆるアメリカ政府関連の施設に足を運びました。1872年には大統領選挙で違法に投票した罪で、投票を許可した選挙検査官とともに逮捕され、当時としては

高額の100ドルという罰金を科せられています。1920年によようやく女性が選挙権を得たとき、彼女はすでにこの世を去っていました。しかし、女性の権利を求めた彼女の粘り強いたたかいが認められ、この法律は「スーザン・B・アンソニー修正条項」として知られるようになりました。

「過ちを正す方法は、
その過ちに
真実の光を当てることです」

アイダ・B・ウェルズ（1862～1931）

ジャーナリストで公民権運動家のアイダは22歳のとき、白人専用の「女性専用車両」に彼女が座ることを拒否した鉄道会社を訴えました。彼女は後に、アメリカ初の黒人女性による参政権団体〈アルファ参政権クラブ〉を設立しています。1913年、首都ワシントンでおこなわれ

た女性の参政権を求めるデモ行進では「アフリカ系アメリカ人の女性は列の後ろを歩く」という決まりを拒否しました。そして、白人のサフラジストたちと一緒に先頭を歩き、有色人種の女性は女性参政権運動においても見過ごされがちだという事実を世間に示したのです。

メリ・テ・タイ・マンガカヒア
（1868～1920）
ニュージーランドの女性参政権運動家です。
女性として初めてマオリ族の政治集会で演説
し、女性がマオリ議会の投票権を得ることや
議員として立候補することを認めるよう要求し
ました。

ブリエット・バーンヘディンスドッティル
（1856～1940）
女性解放運動の初期の支持者で、アイスランド
人女性として初めて新聞に女性の権利に関す
る記事を寄稿しました。また、アイスランドで
女性雑誌を創刊し、女性参政権団体を設立し
たのも彼女が初めてです。

市川房枝（1893～1981）
いちかわふさえ
日本の教師でジャーナリスト、後に政治家とな
る彼女は、熱心な女性参政権支持者でした。
1919年に〈新婦人協会〉を設立し、1924年に
は〈婦人参政権獲得期成同盟会〉を結成しま
した。

サロージニー・ナーイドゥ（1879～1949）
インド人女性として初めてインド国民会議の議
長になった彼女は、美しい詩を書いたことから
「インドのナイチンゲール」と呼ばれています。
1917年に〈女性インド協会〉を設立したメン
バーの1人でもあります。

林宗素（りんそうそ）（1878〜1944）

1911年に中国初の参政権団体〈女子参政同志会同盟〉を結成し、機関誌『女性の時間』を創刊して参政権に関する情報を発信しました。

ドリア・シャフィーク（1908〜1975）

エジプトの女性解放運動の第一人者です。女性の問題に焦点を当てた雑誌を発行し、社会において積極的な役割を果たすようエジプトの女性たちに働きかけました。

ミーナ・ケシュワル・カマル（1956〜1987）

学生時代に〈アフガニスタン女性革命協会〉を設立して男女平等を訴え、後にペルシャ語とパシュトゥン語で書かれた雑誌『女性のメッセージ』を創刊しました。

メリッタ・マルクサー（1923〜2015）

1968年、リヒテンシュタインで〈女性参政権委員会〉を結成。1983年には仲間とともに欧州評議会で講演をおこない、彼女たちの活動は世界的に注目されました。

世界中でおこなわれた女性の選挙権を求める運動には、長く複雑な歴史があります。各国の横にある西暦はその国で初めて女性に選挙権が認められた時期を示していますが、イギリスと同じく多くの国では有権者の資格に条件を設けていたため、記載された年にすべての国民が選挙権を与えられたとは限りません。わかる範囲で、一部の人に選挙権が認められた時期も示しています。

1881年：マン島（一部）
1893：ニュージーランド
1902：オーストラリア（一部：アボリジニの人びとには適用されず）
1906：フィンランド
1907：ノルウェー（一部）
1908：デンマーク（一部）
1913：ノルウェー（すべての国民）
1915：デンマーク（すべての国民）
1915：アイスランド（一部）
1916：カナダ（一部）
1917：ロシア
1918：オーストリア
1918：エストニア
1918：ハンガリー
1918：アイルランド（一部）
1918：キルギス
1918：ラトビア
1918：ポーランド
1918：イギリス（一部）
1919：ベラルーシ
1919：ベルギー（一部）
1919：ジョージア
1919：ドイツ
1919：ルクセンブルク
1919：オランダ
1919：スウェーデン
1919：ウクライナ
1920：アルバニア
1920：チェコ
1920：アイスランド（すべての国民）
1920：リトアニア
1920：スロバキア
1920：アメリカ合衆国
1921：アルメニア
1921：アゼルバイジャン
1922：アイルランド（すべての国民）
1924：エクアドル
1924：カザフスタン
1924：モンゴル
1924：タジキスタン
1925：イタリア（一部）
1927：トルクメニスタン
1928：イギリス（すべての国民）
1929：プエルトリコ（一部）
1929：ルーマニア（一部）
1930：南アフリカ（一部）
1930：トルコ
1931：チリ（一部）
1931：ポルトガル（一部）
1931：スペイン
1931：スリランカ
1932：ブラジル
1932：タイ
1932：ウルグアイ
1935：ミャンマー
1935：プエルトリコ（すべての国民）
1937：フィリピン

1938：ボリビア（一部）
1938：ウズベキスタン
1939：エルサルバドル
1940：キューバ
1941：パナマ（一部）
1942：ドミニカ共和国
1944：バミューダ（一部）
1944：ブルガリア
1944：クロアチア
1944：フランス
1944：ジャマイカ
1945：インドネシア
1945：イタリア（すべての国民）
1945：日本
1945：セネガル
1945：スロベニア
1945：トーゴ
1945：トリニダードトバゴ
1946：カメルーン
1946：朝鮮民主主義人民共和国（北朝鮮）
1946：ジブチ
1946：グアテマラ
1946：リベリア
1946：マケドニア
1946：モンテネグロ
1946：パナマ（すべての国民）
1946：ルーマニア（すべての国民）
1946：セルビア
1946：ベネズエラ
1946：ベトナム
1947：アルゼンチン
1947：インド
1947：マルタ
1947：パキスタン
1947：シンガポール
1947：台湾
1947：ツバル
1948：ベルギー（すべての国民）
1948：イスラエル
1948：ニジェール
1948：大韓民国（韓国）
1948：セーシェル
1948：スリナム
1949：ボスニア・ヘルツェゴビナ
1949：チリ（すべての国民）
1949：中国
1949：コスタリカ
1949：シリア（一部）
1950：バルバドス
1950：ハイチ
1951：アンティグアバーブーダ
1951：ドミニカ
1951：グレナダ
1951：ネパール
1951：セントクリストファーネイビス
1951：セントビンセントおよびグレナディーン諸島

1952：ボリビア
1952：コートジボワール
1952：ギリシャ
1952：レバノン
1953：ブータン
1953：イギリス領ギアナ（現在のガイアナ協同共和国）
1953：メキシコ（すべての国民）
1953：シリア（すべての国民）
1954：ベリーズ
1954：コロンビア
1954：ガーナ
1954：セントルシア
1955：カンボジア
1955：エリトリア
1955：エチオピア
1955：ホンジュラス
1955：ニカラグア
1955：ペルー
1956：ベナン
1956：コモロ
1956：エジプト
1956：ガボン
1956：マリ
1956：モーリシャス
1956：ソマリア
1957：マレーシア
1957：ジンバブエ
1958：ブルキナファソ
1958：チャド
1958：ギニア
1958：ラオス
1958：ナイジェリア（一部）
1959：ブルネイ（1962年以降、男女ともに国民に選挙権は認められていない）
1959：マダガスカル
1959：サンマリノ
1959：タンザニア
1959：チュニジア
1960：キプロス
1960：ガンビア
1960：トンガ
1961：ブルンジ
1961：マラウイ
1961：モーリタニア
1961：パラグアイ
1961：ルワンダ
1961：シエラレオネ
1962：アルジェリア
1962：オーストラリア（アボリジニの人びとに選挙権が認められた）
1962：バハマ
1962：モナコ
1962：ウガンダ
1962：ザンビア

1963：コンゴ共和国
1963：赤道ギニア
1963：フィジー
1963：イラン
1963：ケニア
1963：モロッコ
1964：アフガニスタン
1964：リビア
1964：モルディブ
1964：パプアニューギニア
1964：スーダン（2011年に南スーダン共和国として分離独立）
1965：ボツワナ
1965：レソト
1967：コンゴ民主共和国（旧ザイール）
1967：キリバス
1967：イエメン人民民主共和国（南イエメン）
1968：バミューダ（すべての国民）
1968：ナウル
1968：スワジランド
1970：アンドラ
1970：イエメン・アラブ共和国（北イエメン）
1971：スイス
1972：バングラデシュ
1973：バーレーン（2002年にはじめて選挙がおこなわれた）
1974：ヨルダン
1974：ソロモン諸島
1975：アンゴラ
1975：カーボベルデ
1975：モザンビーク
1975：サントメプリンシペ
1975：バヌアツ
1976：ナイジェリア（すべての国民）
1976：ポルトガル（すべての国民）
1977：ギニアビサウ
1978：モルドバ
1979：マーシャル諸島
1979：ミクロネシア
1979：パラオ
1980：イラク
1984：リヒテンシュタイン
1986：中央アフリカ共和国
1989：ナミビア
1990：サモア
1994：南アフリカ（すべての国民）
1999：カタール
2002：東ティモール
2003：オマーン
2005：クウェート
2006：アラブ首長国連邦
2015：サウジアラビア